Akbar Shaik

Sistema de deteção de intrusão melhorado utilizando técnicas de aprendizagem automática

Akbar Shaik

Sistema de deteção de intrusão melhorado utilizando técnicas de aprendizagem automática

ScienciaScripts

Imprint

Any brand names and product names mentioned in this book are subject to trademark, brand or patent protection and are trademarks or registered trademarks of their respective holders. The use of brand names, product names, common names, trade names, product descriptions etc. even without a particular marking in this work is in no way to be construed to mean that such names may be regarded as unrestricted in respect of trademark and brand protection legislation and could thus be used by anyone.

Cover image: www.ingimage.com

This book is a translation from the original published under ISBN 978-620-2-09608-9.

Publisher:
Sciencia Scripts
is a trademark of
Dodo Books Indian Ocean Ltd. and OmniScriptum S.R.L publishing group

120 High Road, East Finchley, London, N2 9ED, United Kingdom
Str. Armeneasca 28/1, office 1, Chisinau MD-2012, Republic of Moldova, Europe
Printed at: see last page
ISBN: 978-620-7-99443-4

Copyright © Akbar Shaik
Copyright © 2024 Dodo Books Indian Ocean Ltd. and OmniScriptum S.R.L publishing group

Conteúdo

Resumo

O rápido crescimento da Internet nos últimos anos resultou também no aumento das ameaças à segurança. É difícil proteger os sistemas, apesar de terem sido introduzidas várias melhorias tecnológicas para a segurança da informação. São propostos vários mecanismos baseados em abordagens de computação suave para identificar os ataques à rede. Os sistemas de deteção de intrusões reconhecem os ataques e as intrusões através da análise dos dados da rede ou dos registos do sistema operativo e das aplicações em tempo real. O sistema procura identificar as anomalias e os ataques bem conhecidos nos dados, utilizando o perfil normal do sistema, observando e detectando os desvios. O aspeto mais importante na deteção de ataques desconhecidos é a deteção de anomalias. O objetivo principal é criar um sistema de deteção de intrusões baseado em regras, utilizando técnicas de aprendizagem automática que resolvam o problema da taxa de falsos alarmes e da taxa de deteção. O C4.5 e os algoritmos genéticos apresentam uma abordagem à deteção de intrusões que utiliza um conjunto de regras a partir de dados de auditoria da rede, ou seja, o conjunto de dados KDDCup99. Também obtém apoio do quadro de confiança que é utilizado como árvore de decisão, função de aptidão e estas regras que foram aplicadas no sistema de deteção de intrusões para identificar diferentes tipos de ataques.

A abordagem baseada no algoritmo genético discutida é diferente das outras pela sua representação simples das regras e da função de aptidão do objetivo. O algoritmo proposto oferece mais flexibilidade para detetar e classificar diferentes tipos de ataques. A tese também mostra a possibilidade prática de melhorar o desempenho utilizando o algoritmo genético e o algoritmo de árvore de decisão C4.5. Os resultados experimentais representam as taxas de deteção baseadas no KDDCup99, que são aceitáveis. O algoritmo genético baseado em regras melhora o desempenho do sistema de deteção de intrusões em comparação com o algoritmo de árvore de decisão C4.5. O algoritmo genético melhorado contribuiria para um maior grau de deteção de ataques bem sucedidos ao longo do tempo. O algoritmo genético melhorado contribuiria para um maior grau de deteção de ataques bem sucedidos ao longo do tempo, o que foi estabelecido na tese e proporciona um espaço cibernético seguro.

Palavras-chave

Sistema de deteção de intrusões, Algoritmo genético, Taxa de falsos alarmes, Taxa de deteção, Base de regras, Conjunto de dados KDDCup99, Função de aptidão, Deteção de anomalias, Árvore de decisão. Algoritmo C4.5, Técnicas de aprendizagem automática.

Abreviaturas

Abbreviation	Details
AI	Artificial Intelligence
ARPANET	Advanced Research Project Administration NETwork
CERT	Computer Emergency Response Team
CERT/CC	Computer Emergency Response Team / Coordination Center
DA	Data Analysis
DARPA	Defense Advanced Research Projects Agency
DOD	Department of Defense
DoS	Denial of Service
DDoS	Distributed Denial of Service
DM	Data Mining
DR	Detection Rate
DT	Decision Tree
ES	Expert System
FBI	Federal Bureau of Investigation
FL	Fuzzy Logic
FN	False Negative
FP	False Positive
FPR	False Positive Rate
FTP	File Transfer Protocol
GA	Genetic Algorithm
GB	Giga Byte
GP	Genetic Programming
HIDS	Host Intrusion Detection Systems
HTTP	Hyper Text Transport Protocol
H/W	Hardware
IC3	Internet Crime Complaint Center
ICMP	Internet Control Message Protocol
ID	Intrusion Detection
IDS	Intrusion Detection Systems
IP	Internet Protocol
KDD	Knowledge Discovery in Databases
LAN	Local Area Network
NAIS	Native Artificial Immune System
O.S	Operating System
NIDS	Network Intrusion Detection Systems
NN	Neural Network
R2L	Remote to Local
RB	Rule Based
SB	Static Based
SQL	Structured Query Language
SVM	Support Vector Machine
S/W	Software
STAT	State Transition Analysis Tool

Abbreviation	Details
TN	True Negative
TP	True Positive
UDP	User Datagram Protocol
+ve	Positive
-ve	Negetive

1. INTRODUÇÃO

1.1 INTRODUÇÃO

Os ataques à segurança na Internet aumentaram enormemente nos dias de hoje, pelo que a segurança da informação se tornou uma questão séria a ter em conta na atual área das tecnologias da informação. Este capítulo aborda vários pormenores sobre o aumento da complexidade, a facilidade de acesso e a proximidade da Internet e o enorme risco de segurança criado. A importância da defesa da rede comercial aumentou. A importância e a necessidade de segurança da rede e, em pormenor, a necessidade de IDS foram realçadas. Esta secção também contém a inspiração para o esforço detalhado nesta tese, bem como o âmbito, o objetivo da tese, as principais propostas desta tese e um esboço rápido de todas as secções posteriores desta tese.

1.2 IDSs: Ambiente

1.2.1 Desenvolvimento da Internet

A visão das comunicações de Mar-shall McLuhan, denominada "Aldeia Global" [1], atingiu o mundo e deu forma à Internet na década de 1970. Em pouco tempo, num espaço de poucos dias, a Internet tornou-se uma área influente na tecnologia da comunicação e na atividade empresarial. A Internet emergiu como um meio vital e fundamental, dando uma dimensão "Globalizada" ao mundo. Tornou-se a fonte universal de informação. O desenvolvimento do projeto DOD, ARPANET, criou o âmbito para a existência da Internet no final dos anos setenta. A figura 1.1 apresenta as estatísticas desde 1994 até à atualidade, representando a evolução da Internet ao longo do tempo. Os utilizadores da Internet aumentaram drasticamente de 1802 milhões de utilizadores no final de 2009, o que correspondia a cerca de 26,6% da população total, para 1971 milhões de utilizadores no final de 2010, o que correspondia a cerca de 28,8% da população total. A Internet World Stats confirmou que os utilizadores da Internet em junho de 2011 eram 2110 milhões.

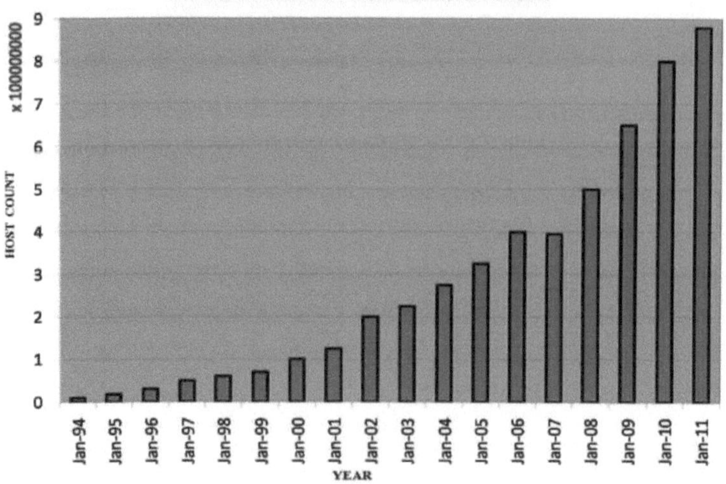

Figura 1.1: Desenvolvimento da Internet em condições de o anfitrião calcular mais os Dias [2]

1.2.2 Desenvolvimento de ataques pela Internet

Não obstante, é de referir que a Internet é definitivamente vantajosa para a sociedade moderna, orientada para a tecnologia, mas que, ao mesmo tempo, proporciona uma conetividade e acessibilidade cada vez maiores, o que representa uma grave e séria ameaça à segurança. Um cálculo aproximado define o crescimento dos ataques como sendo paralelo ao crescimento da Internet [3]. Tal como o número de computadores que operam na Internet aumenta, também a utilização maliciosa, os ataques e a sabotagem aumentam a cada momento. À medida que aumenta a ubiquidade da Internet, os sistemas operativos de fácil utilização e os ambientes de desenvolvimento, aumentam também os ataques na Internet, que se tornam mais abundantes e fáceis de implementar. A intrusão pode ocorrer através de múltiplos pontos de penetração na organização da rede. Por exemplo, na fase de rede, os pacotes de Internet cruéis, cuidadosamente concebidos, podem atingir um anfitrião fatal; na fase de anfitrião, as susceptibilidades na estrutura s/w podem ser oprimidas para permitir um caso de base ilícita. As coerções de segurança subjugaram todos os tipos de sistemas, desde os processadores habituais até aos sistemas ponto-a-ponto e dispersos. Estas coerções de segurança também oprimiram o conjunto de regras e sistemas operativos susceptíveis, expandindo os ataques a S.O. em diferentes tipos de aparelhos, como bases de dados e servidores Web. Os O.Ss mais famosos emitem revisões regulares, no entanto, o agrupamento de máquinas geridas de forma inadequada, utilizadores ignorantes, uma enorme quantidade de objectivos e insectos de software ainda próximos têm desenvolvimentos aceitáveis para se manterem na frente dos restos. O Apêndice A contém informações preocupantes sobre os ataques à Internet para posição avançada.

1.2.3 Crimes informáticos na Índia

O padrão comum e dos Estados Unidos de ataques replicados foi decorado no início da parte, no entanto, é dada importância ao padrão indiano que será detalhado.

Durante os últimos anos, o comércio eletrónico indiano está a familiarizar-se; o cibercrime é um termo que define a atividade criminosa associada à utilização de computadores, sistemas de processamento como um dispositivo ou como um objetivo ou um conjunto de acções ilegais e inclui tudo, desde o jejum eletrónico a ataques DoS [4]. A inclusão de crimes tradicionais é feita quando os processadores ou sistemas são utilizados para promover a ação ilegítima. O Inquérito sobre a Criminalidade Económica de 2010 indica uma conclusão importante, segundo a qual os autores de crimes financeiros na Índia eram do sexo masculino (cerca de cem por cento), com idades compreendidas entre os 31 e os 50 anos e com um nível de licenciatura ou de pós-graduação. Mais frequentemente, um terço dos burlões provinha do interior da Índia e 37% deles ocupavam cargos executivos superiores.

Os peritos constataram que os incidentes de cibercriminalidade registados em todo o mundo eram comparativamente muito inferiores aos crimes reais que ocorreram e se propagaram na Índia e em todo o mundo. Em comparação com os EUA, a Europa, etc., os casos registados de cibercrime na Índia são muito inferiores. O Internet Crime Complaint Center (IC3) 2010 classificou os EUA (91,2%) em primeiro lugar, seguidos do Canadá, ao classificar os países que acolheram autores de crimes. Vários países, bem como a Índia, têm CERTs reconhecidas com o objetivo de gerir e atuar em processos de segurança fundamentais. Estas associações classificam e lidam com os riscos e susceptibilidades possíveis e obtidos na organização e gerem com as partes interessadas para lidar com esses riscos.

1.2.4 Ameaças económicas nos sistemas empresariais

Os riscos no ciberespaço podem ingeminar no que diz respeito às vítimas essenciais que se seguem ao início do hiato comercial, à expiração do prazo e da moeda, e à quebra de reputação. A colisão económica do tempo de inatividade das funções e da perda de eficiência resultante da quantidade agregada de susceptibilidades da fase de aplicação e do rácio de ataques é extensa.

De acordo com a contagem realizada nos Estados Unidos em 2007, a intensidade das transacções entre empresas aumentou de trinta e oito mil milhões de dólares em 1997 para novecentos e noventa mil milhões de dólares em 2006 (um aumento de 6,3 %). O rendimento total do comércio eletrónico de vinte mil milhões de dólares em 1999 passou para novecentos e dezanove mil milhões de dólares em 2006. Prevê-se que, até 2008, as receitas do comércio em linha representem uma percentagem de dez das receitas do comércio total dos Estados Unidos. A atividade da rede e do comércio em linha pode ter sido intensa, mas a única preocupação principal é a segurança do ambiente em linha, que é importante tanto para os consumidores como para as empresas.

De acordo com uma investigação efectuada nos Estados Unidos, a transgressão fictícia prejudica o comércio dos Estados Unidos em cerca de sessenta e sete mil milhões por ano. Durante os dois anos precedentes, os clientes dos Estados Unidos sofreram uma perda de 8 mil milhões de dólares e tornaram-se vítimas de métodos de engano em linha. Os impostores em linha não se limitam à atividade exclusiva de enganar em linha, mas estão também a reforçar a representação do medo entre clientes. As vítimas económicas adquiridas pelas partes inquiridas adequadas à

Os ataques inevitáveis à rede atingiram um valor de trinta milhões de dólares. Este valor foi indicado no relatório Computer Offense and Safety Review 2005 [5], realizado coletivamente pelo CSI e pelo Federal Bureau of Investigation.

Outra análise licenciada por Vandyke s/w em 2003, reavaliou que as firewalls por si só não são suficientes para fornecer uma segurança decente. Além disso, de acordo com os conhecimentos actuais, todos os meses são descobertas 20 a 40 novas susceptibilidades em redes e bens informáticos regularmente utilizados.

O ambiente de rede atual revela-se mais inseguro, com vulnerabilidades muito generalizadas no software.

1.2.5 Necessidade de IDSs

Incursão significa ataques ao sistema juntamente com reparações inseguras, ataques ambiciosos de informação a pedidos, ataques baseados no anfitrião, como o crescimento da liberdade, logins ilegais e acesso a ficheiros susceptíveis, ou malware, como bugs, larvas e cavalos de Troia. A disponibilidade, integridade e confidencialidade dos recursos são comprometidas por estas acções. As intrusões resultam na rejeição do serviço, na falha do sistema em retribuir ou responder enquanto os dados são roubados ou se perdem. A deteção da utilização não autorizada do sistema ou de ameaças ou de ataques ao sistema ou à rede é designada por rede de deteção de intrusões. Para facilitar a deteção destas actividades, o software ou hardware é implementado com sistemas de deteção de intrusões.

O funcionamento típico do IDS na parte de trás da firewall é o apresentado na figura 1.2, que mostra a procura de modelos na passagem da rede que representam uma ação maliciosa. Por conseguinte, os sistemas de deteção de intrusões são utilizados na fase seguinte como a primeira e última fase de segurança na maior parte das redes protegidas, juntamente com os ataques que violam outros níveis de defesa. A necessidade deste próximo estrato de defesa é frequentemente questionada da seguinte forma: "Precisamos de IDS apesar de termos uma firewall?" Para responder a esta pergunta, é importante e necessário compreender o que uma firewall faz e não faz e o que o IDS faz e nao faz. Uma análise e uma compreensão adequadas ajudarão a compreender a necessidade de um sistema de deteção de intrusões como firewall para funcionar na proteção de uma rede.

O sistema de respostas de segurança que se pode obter, bem como as firewalls, não se destinam nem estão equipados especificamente para lidar com a aplicação de ataques à camada de rede, como ataques DoS e DDoS, Worms, Trojans e Worms. O pessoal de segurança tem de pensar em considerar os IDSs depois de analisar os factos do crescimento súbito do ciberespaço e do aumento acentuado das ameaças na Internet.

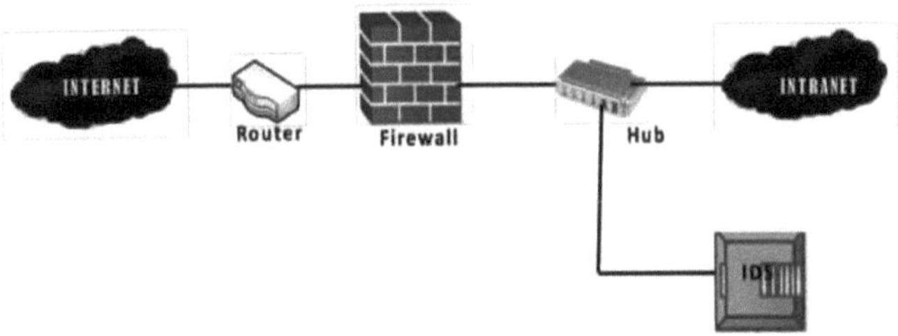

Figura 1.2: Um desenvolvimento de segurança clássico em todas as redes

As acções ilegais no ciberespaço não são apenas cometidas por agressores externos, mas também por causas internas, tais como pessoal enganador ou público que critica em seu próprio benefício ou em represália. Estas acções internas não podem ser proibidas por uma firewall que, normalmente, impede o tráfego externo de entrar no sistema interior. As firewalls são completas para reservar o tráfego necessário e impedir que o tráfego de rede desnecessário seja adicionado ou retirado de cada rede. As firewalls de controlo de pacotes examinam geralmente um pacote de protocolo da camada três e da camada quatro em sequência. Não existem capacidades suspeitas de mudança reais, principalmente nas firewalls. O tráfego que chega à firewall também é contestado de acordo com as regras funcionais predefinidas e é aceitável ou é fechado e a firewall regista o tráfego inferido ou obstruído, como resultado dos Sistemas de Deteção de Intrusão, inicialmente estabelecidos por Anderson [6] em 1980 e depois familiarizados por Denning [7] em 1987, recebendo grande atenção nos anos actuais. O Firewall e os Sistemas de Deteção de Intrusão formam os fundamentos da tecnologia de segurança de rede.

Os sistemas de deteção de intrusões podem ser classificados em dois módulos: sistemas de deteção de intrusões baseados em anomalias e sistemas de deteção de intrusões baseados na utilização abusiva. Os sistemas de deteção de intrusões baseados em anomalias procuram diferenças em relação à prática típica para descrever o desempenho variado e os sistemas de deteção de abusos baseiam-se em modelos de identificação de ataques contrários. Os procedimentos e métodos de deteção de anomalias envolvem e baseiam-se em modelos de desempenho regulares de um sistema processador. Estas formas podem colocar a tónica nos consumidores, nas aplicações ou na rede. Apresentando análises numéricas sobre dados passados, são construídos perfis de comportamento [8, 9] ou utilizando procedimentos baseados em regras para identificar padrões de desempenho [10, 11, 12].

A presunção geral é que os ataques que diferem do comportamento normal em termos de tipo e quantidade podem ser considerados e detectados como anomalias. Ao significar o que é normal, qualquer infração ao normal pode ser reconhecida, quer constitua um risco ou não. O benefício da identificação antes de ataques não identificados é recompensado em condições de elevado número de falsos +ve terríveis na deteção de anomalias. Treinar sistemas de deteção de anomalias em locais extremamente dinâmicos é realmente difícil. Os sistemas de deteção de anomalias são básicos e essencialmente compostos; a parte difícil consiste em determinar qual o incidente exato que provocou os alarmes.

Pelo contrário, os sistemas de deteção de abusos consistem geralmente em símiles ou assinaturas de ataques e equivalem-nas ao fluxo de dados inspeccionados, procurando informações sobre quaisquer ataques identificados [5] [13]. A vantagem importante dos sistemas de deteção de abusos é o facto de preservarem a identificação de ataques meramente identificados, para os quais têm uma marca pré-definida. Os programadores têm de replicar e inserir novos ataques na base de dados de assinaturas quando identificados. Os ataques que têm por objetivo desencadear uma grande quantidade de vigilantes de descoberta, incluindo tráfego que foi expressamente concebido para contestar as assinaturas utilizadas no processo de análise, os IDS baseados em assinaturas são geralmente vulneráveis. Este tipo de ataque costumava desgastar as posses na fase de cálculo dos sistemas de deteção de intrusões e ocultar os ataques dentro da enorme quantidade de atenção criada.

Um sistema de deteção de intrusões baseado na utilização abusiva examinará todos os pacotes nos níveis três e quatro, bem como os protocolos da fase de funcionamento que aparecem para ataques Dos, ataques Buffer Overflow, worms, cavalos de Troia backdoor, exames de perceção ao lado da rede, etc., ao contrário das firewalls. Uma lista de Sistemas de Deteção de Intrusão tem melhor visibilidade para identificar cifras de ataques e anfitriões comprometidos. A firewall continua a ser necessária para bloquear o tráfego antes de entrar na rede; um sistema de deteção de intrusões é também necessário para garantir que o tráfego é monitorizado depois de passar pela firewall.

1.2.6 Posição recente, desafios e limites do Sistema de Deteção de Intrusões

As actuais capacidades de segurança cibernética desenvolveram-se muito como bits insignificantes e complementos da rede que se destinavam aos valores da comunicação exterior e da confiança comum tácita. Atualmente, está documentado que já não é suficiente seguir estas pistas evolutivas e que a segurança deve ser medida como um elemento de investigação inteligente e intencional das comunicações de informação. Tendo em conta todo o desenvolvimento pelo qual o sistema de deteção de intrusões passou nos últimos anos, ainda tem alguns desafios a enfrentar. Por conseguinte, os programas de deteção de intrusões são utilizados para identificar as intrusões quando estas ocorrem. Existe ainda uma pequena esperança de capturar uma intrusão durante o seu desenvolvimento.

Os agressores continuam a procurar uma forma original de cooperar com os anfitriões isolados e modificam frequentemente os seus utensílios de forma abertamente acessível. A complexidade e a dimensão crescentes do ciberespaço, juntamente com os S.O. do anfitrião final, tornam-no um nível adicional de suscetibilidade. Além disso, a aceitação das actividades de interrupção é limitada devido ao grande número de sujeitos isolados. Perante estes confrontos, os actuais desempenhos de topo em matéria de segurança do ciberespaço dependem totalmente das novas informações sobre intrusões e de sociedades como a CERT para detetar falhas de segurança. Os falsos positivos são um dos principais problemas quando se trabalha com IDS e este é um facto bem conhecido. Além disso, os falsos positivos significam um lote em condições de adequação do sistema de deteção de intrusões se a ocorrência de ataques for significativamente menor do que na vida quotidiana.

É difícil incorporar alertas de um IDS baseado em rede com registos de sistemas, registos de firewall, registos de routers e sistemas de deteção de intrusões suportados pelo anfitrião. A necessidade de analistas de IDS qualificados é o último grande desafio. O analista tem de se manter a par de todos os vírus, worms, ataques mais recentes, S.O. diferentes e modificações da rede para monitorizar e avaliar os alertas com precisão.

Nas últimas duas décadas, foi desenvolvida uma série de IDSs rentáveis e de domínio comum. A metodologia de deteção de intrusões varia de sistema para sistema, pelo que estes apresentam diferentes parcialidades na identificação de determinados módulos de ataques com maior correção, embora tenham um desempenho razoável para algumas classes. O estudo destes sistemas de deteção de intrusões fornece-nos várias perspectivas sobre os problemas que ainda têm de ser resolvidos de forma mais eficaz antes de podermos dispor de IDS que sejam valiosos e fiáveis para identificar uma vasta gama de interrupções.

Isto deu-nos a oportunidade de melhorar a apresentação dos sistemas de deteção de intrusões através de vários métodos superiores.

1.2.7 Preocupações em aberto

Embora a deteção de interrupções se tenha desenvolvido rapidamente nos últimos dias, subsistem ainda muitas preocupações cruciais. Em primeiro lugar, os métodos de deteção devem reduzir o número de falsos positivos, detectando uma grande variedade de ataques, o que os torna mais eficazes. Em seguida, a deteção de intrusões tem de ser acelerada com a maior rapidez, dinâmica e dimensão das novas redes.

A deteção de interrupções deve acompanhar o movimento dos eventos de entrada criados pelas redes de alta velocidade e pelos nós de rede de elevado desempenho. Surge também a necessidade de métodos de análise que apoiem a descoberta de ataques contra redes inteiras ou grandes. O capítulo 2 enfatiza em pormenor as questões relacionadas com os IDS, técnicas que sustentam o reconhecimento de ataques contra sistemas completos ou de grande dimensão. O desenvolvimento de um sistema que identifique quase cem por cento dos ataques com o mínimo de falsos positivos e que melhore a eficácia do sistema é um desafio. Estamos muito longe de atingir este objetivo.

1.3 Motivação

Nas duas décadas passadas, assistiu-se a um crescimento inimaginável das redes, o que, por sua vez, estimulou uma mudança nos ambientes de computação, dos sistemas informáticos centralizados para os sistemas de informação em rede. As redes transferem e distribuem uma enorme quantidade de informações úteis, como perfis pessoais e informações sobre cartões de crédito. Tendo em conta este facto, a segurança da rede adquiriu uma importância nunca antes vista. No entanto, em virtude dos sistemas de rede abertos e altamente técnicos, a criação de um ambiente de rede mais seguro parece ser um problema difícil. O bloqueio dos serviços, a alteração dos dados críticos e o roubo de informações importantes por parte dos intrusos põem em perigo a segurança do sistema. As actividades nocivas que comprometem a confidencialidade, a integridade e a segurança dos sistemas informáticos podem ser detectadas por sistemas de deteção de intrusões concebidos para o efeito. O "mau tráfego" pode ser filtrado por uma firewall, mas as tentativas de investidas maliciosas podem ser detectadas por IDS que analisa os pacotes. O inquérito realizado em 2006 pelo CSI/FBI sobre a infração e a segurança informática indica que o IDS ocupa o quinto lugar na utilização da tecnologia de segurança. Ninguém pode negar que, no que respeita à segurança da rede, os sistemas de deteção de intrusões se tornaram componentes críticos.

Dado que se confia cada vez mais nos IDS, a fiabilidade da aplicação exigida pelos utilizadores parece ser justificável. Em primeiro lugar, espera-se que os IDS fiáveis forneçam um serviço contínuo e correto. Assim, para garantir a fiabilidade dos IDS, há que ter em conta dois factores. Em primeiro lugar, o IDS deve estar em condições de fornecer resultados fiáveis. Se o desempenho da deteção for fraco, é provável que a fiabilidade do IDS seja posta em causa, pelo que os métodos de deteção devem ser eficazes. O segundo requisito é a sua capacidade de sobreviver mesmo em ambiente hostil ou mesmo quando sujeito a ataques.

No entanto, manter uma elevada precisão de deteção e de falsos positivos revela-se um desafio para os IDS. Um IDS que utilize assinaturas de ataque para detetar intrusões não será capaz de detetar os ataques de uma forma altamente precisa. A proteção dos computadores e das aplicações por estes IDSs revela-se ineficaz para a criação de IDSs fiáveis que possam detetar os ataques de forma altamente precisa, sendo necessária uma abordagem de deteção.

Para averiguar e descobrir ataques, os métodos de deteção baseados na aprendizagem automática serão úteis para fornecer informações. A capacidade de uma máquina que melhora automaticamente o seu desempenho através da aprendizagem da experiência é designada por aprendizagem automática. De um modo geral, os métodos de aprendizagem supervisionada são treinados de modo a formular regras e métodos que se destinam a captar as caraterísticas do conjunto de treino. Posteriormente, as regras e os padrões são postos em contacto com os algoritmos genéticos e C4.5 melhorados e para descobrir intrusões nos dados de teste.

Para estudar as actividades normais do computador e identificar comportamentos irregulares que diferem do normal como intrusões, muitos IDS utilizam métodos de aprendizagem automática.

1.4 Problemas nos sistemas de deteção de intrusões existentes

Após um levantamento escrupuloso da literatura crítica, o presente estudo concluiu que existem várias desvantagens nos algoritmos existentes. A presente tese resumiu as seguintes desvantagens principais dos esquemas existentes:

- Segurança: A maioria dos esquemas propostos [14] [15] não pode ser considerada totalmente segura porque não utiliza nenhuma técnica de segurança eficaz no IDS.

- Taxa de deteção: A maioria dos IDSs propostos [16] [100] [101] [102] não consegue detetar todos os ataques e a taxa de deteção destas metodologias é baixa. Assim, a nossa metodologia pode minimizar a taxa de ataques.

- Taxa de falsos alarmes: Uma queixa comum [17] [18] [98] [99] é a quantidade de falsos positivos e falsos negativos. Os métodos DM podem ajudar a obter uma melhor identificação, resolvendo os problemas acima referidos.

- Seleção de atributos: Alguns dos sistemas de deteção de intrusões propostos [19] [20] [21] consideram apenas caraterísticas discretas. Ao utilizá-las, não foi possível obter uma apresentação atractiva com uma elevada taxa de descoberta e uma baixa taxa de falsos alarmes. As caraterísticas distintivas e aplicáveis devem ser experimentais e podem ajudar na deteção de todos os ataques.

- Implementação e consumo de tempo: Alguns dos sistemas de deteção de intrusões propostos [22] [23] são mais difíceis de implementar na prática porque o sistema exige mais dados ou tempo.

- Problema de classificação: O desempenho destes sistemas [24] foi avaliado utilizando o problema da deteção de intrusões como um problema de classificação de elevada dimensão.

Utilizando estas metodologias, é possível eliminar a dificuldade de classificação e, provavelmente, efetuar uma descoberta mais rápida e mais precisa.

• Dinâmico: A maioria destes sistemas de deteção de intrusões [16] [22] [23] [24] consegue detetar os ataques com êxito, mas não é adoptada em ambiente dinâmico. O nosso método é adequado a um ambiente mais dinâmico para reduzir o problema.

• Capacidade: A maior parte destes sistemas de deteção de intrusões [25] [26] [27] [28] é capaz de identificar as agressões identificadas e não tem capacidade para identificar novas agressões. Para detetar e obter melhores resultados, foram aplicados métodos M.L destinados aos IDS.

1.5 Identificação do problema

Após um estudo cuidadoso dos problemas acima referidos nos esquemas de deteção de intrusões, o presente estudo concluiu que existem vários problemas e muitas complexidades nos níveis de segurança, na taxa de deteção, no problema da taxa de falsos alarmes, na seleção de atributos, no consumo de tempo e nos problemas de classificação e capacidade. Com base no que precede, a presente tese trabalhou no sentido de desenvolver novos esquemas para resolver as questões problemáticas e críticas acima referidas no sistema de deteção de intrusões.

1.6 Objectivos do presente estudo

O principal objetivo deste trabalho é desenvolver técnicas de aprendizagem automática para enquadrar as regras do sistema de deteção de intrusões, a fim de resolver o problema dos falsos alarmes e da taxa de deteção. Em particular, inclui os seguintes objectivos específicos

1. Neste trabalho, o conjunto de dados KDDCup99 bem estruturado é utilizado para preparar o pré-processamento do conjunto de dados para o utilizar como dados de treino e de teste.

2. Para gerar uma regra para cada ataque de categoria.

3. Desenvolver uma nova abordagem do modelo de Sistema de Deteção de Intrusão utilizando técnicas de aprendizagem automática.

4. Desenvolver uma nova abordagem para obter os cromossomas mais aptos de uma dada população.

5. Para derivar uma nova abordagem para IDS para melhorar a elevada taxa de deteção e a baixa taxa de falsos alarmes.

Todos os objectivos acima referidos são formulados para gerar uma elevada robustez, autenticação e qualidade das regras, uma elevada taxa de descoberta e baixas taxas de falsos alarmes, mesmo na presença de múltiplos ataques.

1.7 Declaração do problema

Mesmo que sejam implementados diferentes tipos de métodos de deteção de intrusões utilizando modelos estatísticos, de análise de dados e de redes neuronais artificiais, continuam a existir muitos problemas em termos de taxa de deteção, taxa de falsos alarmes, seleção de atributos, classificação, consumo de tempo e capacidade.

A abordagem clássica baseada em assinaturas: não consegue detetar intrusões desconhecidas ou novas. São necessários patches e actualizações regulares. A abordagem estatística baseada em anomalias: não se baseia num modelo inteligente adaptável, não pode aprender com os padrões de tráfego normais e maliciosos. O objetivo final de qualquer sistema de deteção de intrusões é obter a melhor taxa de deteção possível e a menor taxa possível de falsos alarmes.

Assim, o presente trabalho aborda estes problemas e tenta também melhorar o desempenho do sistema de deteção de intrusões utilizando técnicas de aprendizagem automática. O trabalho pretende desenvolver um novo IDS baseado em regras, utilizando C4.5 melhorado e algoritmos genéticos através de aprendizagem não supervisionada. Neste trabalho, o conjunto de dados bem estruturado KDDCup99 é utilizado para treinar e testar o modelo.

1.8 Questões de investigação

Os problemas acima referidos devem ser tidos em conta em futuras investigações quando se analisa o estado da arte do sistema de deteção de intrusões.

Problema n.º 1: Quais são os problemas associados aos sistemas de deteção de intrusões? Existem IDS's atualmente disponíveis que tenham um relatório de descoberta total? É provável melhorar a apresentação da descoberta dos IDS's disponíveis?

Problema n.º 2: A técnica do Algoritmo Genético melhorado baseado em regras é adequada para o desenvolvimento do desempenho dos IDS? Como tal, a questão-chave da tese é "Porquê e como é que o algoritmo genético melhorado baseado em regras é bem sucedido"?

Problema n.º 3: Podemos identificar com êxito as interrupções na rede relacionando o algoritmo genético melhorado baseado em regras com a deteção de intrusões?

Problema n.º 4: Como sugerir uma conceção estrutural melhor do que a arquitetura existente?

Problema n.º 5: Como podem ser modelados o Sistema de Deteção de Intrusões e o Algoritmo Genético baseado em Regras?

Problema n.º 6: É efetivamente trabalhado para desenvolver a Arquitetura proposta?

Este estudo mostra que as réplicas de IDS planeadas para alguns assaltos não conseguiram revelar um recital atraente com elevadas taxas de descoberta e baixas taxas de falsos alarmes utilizando o conjunto de dados KDD Cup. Este trabalho tenta descobrir as chaves para os danos excessivamente elevados e as chaves planeadas são introduzidas.

1.9 Organização da tese

Segue-se um resumo pormenorizado de todas as secções da presente tese: O Capítulo 1 representa a inspiração, o objetivo e as ofertas de vistas do esforço em caraterística. Uma conversa pormenorizada sobre o aumento dos ataques na Internet e a importância para a segurança do sistema empresarial é a necessidade de um sistema de segurança informática e, em particular, de um IDS. O Capítulo 2 contém uma análise dos antecedentes e da visão geral da segurança informática, do sistema de deteção de intrusões e dos métodos de processamento de dados: principalmente modelos C4.5 baseados em regras, modelos de algoritmos genéticos e caraterísticas teóricas da metodologia e visão geral do conjunto de dados KDDCup99. O capítulo 3 aborda o algoritmo de árvore de decisão C4.5 melhorado baseado em regras. Nesta secção, são apresentados e discutidos os trabalhos relacionados com esta área. Capítulo 4 Neste capítulo, é proposto um novo modelo genético baseado em regras. Utilizando o conjunto de dados KDDCup99 como padrão de referência, o GAIDS baseado em regras identifica os atacantes e os utilizadores válidos com um nível de precisão muito elevado. Capítulo 5 Este capítulo discute as conclusões e apresenta possíveis trabalhos futuros. No Apêndice A pode obter-se uma lista completa dos ataques na Internet. O Apêndice B contém a lista de caraterísticas do conjunto de dados KDDCup99 e as tabelas relacionadas são apresentadas nesta secção.

2. REVISÃO DA LITERATURA

2.1 Proteção do computador

A proteção do computador pode obter uma série de tipos de abordagem. Embora um desses avanços possa ser sem segurança, pode ser claro para a maioria que esta não é realmente uma escolha viável e perfeita para ir com. Os três avanços de segurança mais utilizados são a segurança através da escuridão, a segurança baseada na rede e a segurança baseada no anfitrião.

A segurança baseada no anfitrião é difícil de implementar, tendo em conta o facto de ser mais frequentemente utilizada. A parte difícil reside na sua implementação em cada mecanismo de entidade. Embora isto seja bastante conveniente numa rede pequena com todas as máquinas iguais, à medida que a rede se expande e se torna heterogénea, isto torna-se uma grande dor de cabeça do ponto de vista administrativo. Este é também um tópico que pode levar a complicações adicionais no processo de manipulação de descargas diferentes do S.O. semelhante, bem como à inclusão de sistemas operativos diferentes.

A segurança baseada na rede pode ser de vários tipos, tais como: esquemas de verificação de código secreto único, canais encriptados e firewalls. A vantagem da segurança de rede baseia-se na informação de que permite o controlo dos "pontos de estrangulamento" da rede. Isto permite que uma única firewall defenda, de facto, milhares de máquinas.

2.2 Inadequação das Firewalls

Uma das questões básicas e muito comuns é como é que o ID se compara com as firewalls. Uma forma de descrever a diferença é obtida através da classificação das infracções de segurança por base, se se aproximam de fora da rede da associação ou de dentro da rede da organização.

Trata-se de um papel essencial e seria suficientemente defensivo se não fossem estas especificidades [29].

i)   Nem toda a entrada na Internet acontece durante a firewall.

Os clientes, por diferentes razões, que vão desde a simplicidade ao desejo, muitas vezes estabelecem relações de modem ilegais entre os seus métodos que estão associados ao sistema interno e fontes externas de admissão na Internet ou possibilidades adicionais para a Internet. A firewall não pode reduzir o risco associado a ligações que nunca observa.

ii)   Nem todos os perigos são criados no exterior da firewall.

Os utilizadores internos registam enormes perdas devido a incidentes de segurança. Mesmo nesse caso, a firewall apenas considera o tráfego nos limites entre a Internet e a rede interior. Se as quebras de segurança do tráfego nunca precederem a firewall, não podem observar ou identificar a dificuldade. Uma vez que a maior parte das associações utiliza uma encriptação pesada para proteger os registos e as relações de rede aberta, a ênfase principal dos desafiantes deslocar-se-á para os espaços da rede em que a ordem de importância não é tão possível de ser isolada, ou seja, a rede interior. Os IDSs são a simples componente das comunicações que está ao alcance da passagem no sistema interior. Assim, tornar-se-ão ainda mais cruciais à medida que as comunicações de segurança se desenvolvem.

iii)   As firewalls são um tópico para se atacarem a si próprias.

Desde que as primeiras firewalls foram identificadas, os ataques e planos para contornar as firewalls têm estado amplamente disponíveis. O plano de ataque mais geral é utilizar a canalização para evitar as proteções do firewall. A canalização é a abordagem de resumir a importância de um único protocolo numa comunicação seguinte [30].

iv)   As firewalls não conseguem defender-se dos riscos do bug.

A partir de agora, as firewalls também não podem detetar erros em computadores pessoais e Macintosh numa rede. No entanto, as firewalls verificam os tráfegos de entrada que incluem os tráfegos e descobrem se são aceitáveis ou não. Em geral, as firewalls dirigem-se a um porto e a um endereço de protocolo Internet, não a uma informação específica.

2.3   Revisão da Deteção de Intrusão

2.3.1 Definição de Deteção de Intrusão

Ao iniciar a ideia de ID em 1980, Anderson distinguiu a interrupção como um esforço ou um risco como o risco possível de um esforço ilegal consciente para aceder a uma ordem, controlar informações ou apresentar um esquema que é imprevisível ou impraticável.

2.3.2 Por que razão são necessários sistemas de deteção de intrusões?

O aumento da conetividade em rede dos sistemas informáticos proporciona maior acessibilidade a estranhos e torna mais cómodo para os intrusos escapar às identificações [31]. Os sistemas informáticos ligados através da Internet estão mais expostos a diferentes ameaças à segurança e são mais vulneráveis a diferentes ataques à segurança. Com a utilização de um IDS, é possível identificar um ataque ao sistema de processamento e tomar medidas adequadas para o impedir ou anular antes de se registarem mais danos no sistema informático.

Existem várias razões pelas quais os IDS são importantes [32]:

•   Servem como um meio de controlar aqueles que tentam abusar da política de segurança. Isto pressupõe que uma maior perceção do risco de encontrar e processar os atacantes pode evitar certos problemas de segurança.

- Identifica os ataques e as violações de segurança que as medidas de segurança não conseguem evitar. Um IDS pode ser utilizado para detetar ataques de segurança que exploram vulnerabilidades no mecanismo de segurança do sistema informático. Além disso, um IDS pode ter uma função primordial na proteção do sistema, uma vez que pode comunicar intrusões aos administradores do sistema, que podem conter e recuperar quaisquer danos resultantes da intrusão.

- Para a deteção de preâmbulos de ataques. A fase inicial de um ataque envolve geralmente a procura de um ponto de entrada inicial através do exame das vulnerabilidades do sistema ou da rede. Esta fase raramente é vivida como sondas de rede e efectua outros testes para detetar vulnerabilidades existentes. Ao utilizar um IDS, as sondas podem ser identificadas e podem ser tomadas medidas adequadas para bloquear o acesso do atacante ao sistema alvo.

2.3.3 Importância dos IDSs

Para evitar as difusões, os sistemas baseiam geralmente a sua segurança em ferramentas como dispositivos de organização da admissão, firewalls e alguns extras, mas eventos como a larva da Internet [33] ou acções actuais como o espírito de larvas rancorosas como "I love you" [34] ou a política escarlate [35], incluem revelados aos esquemas actuais estão longe de ser seguros ao lado de difusões prováveis.

O facto é que os sistemas mais seguros, com ferramentas eficientes e criptografia mais forte, podem evitar estes riscos. No entanto, atualmente, evitar totalmente a interrupção é impraticável:

Um regime totalmente seguro e livre de susceptibilidades necessita de um software livre de pragas. Para atingir estes objectivos, os superintendentes devem modificar as regras previstas para cada série a ser executada no esquema.

As ferramentas de segurança dependem da capacidade do utilizador e, mesmo assim, o melhor esquema de criptografia pode ser facilmente destruído se a chave tiver sido escrita num pedaço de papel. Além disso, um informador pode abusar dos seus direitos de utilizador. A ligação mais frágil de um método de segurança é normalmente o ser humano. Por outro lado, mecanismos rigorosos e seguros podem reduzir a eficiência do sistema. Por exemplo, uma palavra-passe mais longa pode atrasar a admissão do consumidor e algoritmos de encriptação melhorados e mais complicados podem tornar os programas mais lentos. Em [36], é demonstrado que as susceptibilidades ainda em forma com peças acessíveis são utilizadas durante um longo período após a libertação do bit.

A partir dessa altura, as penetrações podem ocorrer mesmo em sistemas extraordinariamente seguros. Quando ocorre uma penetração, um sistema seguro deve ser inteligente para responder imediatamente após a deteção em termos de armazenamento de dados de auditoria relativos à penetração, a fim de evitar futuros ataques de tipo semelhante para delinear os sistemas de deteção de intrusão agressores, que não executam regularmente várias acções imediatas a um ataque.

2.3.4 Apontar para um IDS

Os sistemas de deteção de intrusões devem tentar alcançar os seguintes objectivos

> Deve ser difícil de ignorar.

> Deve funcionar repetidamente sem apoio pessoal e o esquema deve ser fiável para permitir que funcione em segundo plano e que a ideia seja monitorizada.

> O sistema deve ser capaz de se recuperar de ferimentos imprevistos, à medida que o sistema se afasta > Deve desafiar a reviravolta. O sistema deve ser capaz de detetar fraudes maldosas no seu próprio código.

> Deverá infligir o mínimo de nuvens ao esquema.

> Deve ser simplesmente modificado para o esquema em questão. Cada sistema tem um protótipo de prática diferente e o dispositivo de proteção deve ajustar-se simplesmente a estes modelos. A imprecisão dos IDS pode ser classificada em falsos positivos, falsos negativos e erros de traição.

Os erros de subversão estão relacionados com os falsos negativos. Um intruso que tenha conhecimento do próprio IDS pode tirar partido dos defeitos identificados no sistema de interrupção ou pode modificar o desempenho do IDS para permitir que um ato ilegal seja considerado legítimo.

2.4 Métodos de análise de caraterísticas dos sistemas de deteção de intrusões

Os sistemas de identificação podem ser classificados principalmente em três grupos, detectando os métodos de acordo com os métodos de análise de caraterísticas. São eles a deteção de utilização indevida, a deteção de anomalias e o método misto de deteção.

2.4.1 Sistemas de deteção de utilizações indevidas e de anomalias

A deteção de utilização abusiva "é conseguida procurando o desenvolvimento de pontos fracos conhecidos no sistema, que podem ser explicados através de um determinado modelo ou sequência de acções ou informações (a "assinatura" da intrusão)" [37]. Um analista pode recolher informações para reunir assinaturas de muitas fontes diferentes. Um analista com conhecimento dos pontos fracos do sistema e das ferramentas gerais de ataque que podem ser utilizadas contra o sistema pode ter algum sucesso no desenvolvimento proactivo de assinaturas. No entanto, em vários casos, um ataque deve ser detectado antes que uma assinatura possa ser desenvolvida. Assim que um analista detecta um novo tipo de ataque, pode verificar um conjunto de caraterísticas únicas que definem o ataque para fornecer como assinatura.

O IDS pode ser adicionado com a assinatura. Os sistemas de deteção de abusos demonstraram ser muito consistentes na deteção de ataques conhecidos [38]. No entanto, os sistemas baseados em assinaturas são muito reactivos por natureza. "O principal problema dos avanços na deteção de abusos é que não conseguem identificar novos ataques contra métodos que partem de marcas." Pode ocorrer uma intrusão e o intruso pode ter assinaturas diferentes [38]. Pode ocorrer uma intrusão e o intruso pode já ter realizado a sua tarefa antes mesmo de a assinatura ser desenvolvida. Um sistema bem sucedido baseado em anomalias deve começar por desenvolver algum tipo de noção do que é o tráfego "normal" para o sistema em questão, quer esse sistema seja um único anfitrião ou uma rede inteira. Assim que o IDS tiver a capacidade do que é normal, pode procurar atividade anómala, ou atividade que esteja fora da esfera normal da capacidade esperada para esse sistema. Uma vez que os sistemas de deteção baseados em anomalias "avaliam as actividades actuais em relação a modelos de comportamento passado", têm um pouco mais de sucesso na deteção de novos ataques do que os sistemas de deteção baseados na utilização incorrecta [38].

Outro defeito dos sistemas de deteção baseados em anomalias é a sua "incapacidade de reconhecer o tipo específico de ataque que está a ocorrer" [38]. Nos sistemas baseados em assinaturas, o tipo de ataque é facilmente determinado pela análise da assinatura que o detecta. Os sistemas baseados em anomalias dão simplesmente ao analista uma indicação de que algo de anormal está a ocorrer.

2.4.2 Falsos positivos e falsos negativos

Quando ocorrem erros de IDS com acções adequadas para actividades ilegais, produz-se o que é conhecido como um falso positivo. Um falso positivo gerado por um IDS faz com que o analista perca tempo a descobrir a atividade correta.

Um sistema de deteção baseado em assinaturas não produz muitos falsos positivos porque a atividade que corresponde a uma assinatura deve ser detectada para criar um alarme. Muito diferente disso, os falsos positivos são um grande problema quando se trata de sistemas baseados em anomalias.

Uma alteração delicada dos padrões de utilização pelo utilizador pode produzir alarmes, mesmo que a ação seja correta. Existem muitos sistemas de deteção de intrusões com mecanismos para ajudar a limitar os falsos positivos. Uma forma de o conseguir é definir um nível de limiar. Por exemplo, uma regra pode exigir que o tráfego controlado varie uma certa quantidade em relação ao tráfego normal antes de ser considerado anómalo. A possível introdução de falsos negativos é o único problema da definição de limiares.

Verdadeiro positivo: categorizar uma interrupção como uma invasão. Taxa de descoberta, compaixão e recolha, que são condições adicionais frequentemente utilizadas na literatura, que são iguais à taxa de verdadeiros positivos.

Falso positivo: classificação incorrecta de uma informação habitual como uma interrupção, também conhecida como falso alarme.

Verdadeiro negativo: categorizar corretamente os dados habituais como regulares. A taxa de verdadeiros negativos também é apresentada de forma explícita. As métricas de desempenho calculadas a partir destas são

Taxa de verdadeiros positivos = Verdadeiros positivos / (Verdadeiros positivos + falsos negativos) =

#corrigir as intrusões/ #intrusões $\qquad$ (2.1)

Taxa de falsos positivos = falsos positivos / (verdadeiros negativos + falsos positivos) =

#normal como intrusões / #normal $\qquad$ (2.2)

Taxa de verdadeiros negativos = Verdadeiros negativos / (Verdadeiros negativos + falsos positivos) =

#correto normal/#normal $\qquad$ (2.3)

Taxa de falsos negativos = falsos negativos / (verdadeiros positivos + falsos negativos) =

#intrusões como normal /#intrusões $\qquad$ (2.4)

São também habitualmente utilizados dois indicadores de desempenho adicionais designados por exatidão e precisão:

Precisão = (TP + TN)/ (FN+ TP+ TN+FP) =

#classificações corretas / # todas as instâncias (2,5)

A exatidão também pode ser conhecida como taxa de categorização geral e, de acordo com Wu e Yen (2009), a precisão também é conhecida como recordação. Devido à natureza direta de várias intrusões, os termos "intrusão" e "ataque" são utilizados indistintamente.

2.4.3 Deteção de modo misto

Além disso, mais sistemas que combinam os dois avanços para formar uma terceira deteção são designados por modo misto. Neste procedimento, o método de deteção de utilização abusiva pode ser utilizado como linha primária de proteção, enquanto a deteção de anomalias pode ser utilizada como linha seguinte [39].

2.5 Categorias de métodos de identificação

Com base na localização da fonte de auditoria, a maioria dos IDS pode ser classificada como uma abordagem baseada no anfitrião ou na rede para identificar e detetar ataques [40].

2.5.1 IDS baseado no anfitrião

Os IDS baseados no anfitrião (ver figura 2.1) observam o computador marcado no qual está instalado um programa de controlo. É geralmente colocado nos computadores principais que servem outros computadores ou nos servidores na DMZ, uma vez que são regularmente os alvos que os hackers procuram e, mais do que isso, é capaz de observar o tráfego dentro de um sistema que nunca irrita a rede, e aquilo com que um HIDS se preocupa são geralmente as alterações do método do sistema, registo do sistema, utilidade da CPU, acesso a ficheiros e verificação da integridade.

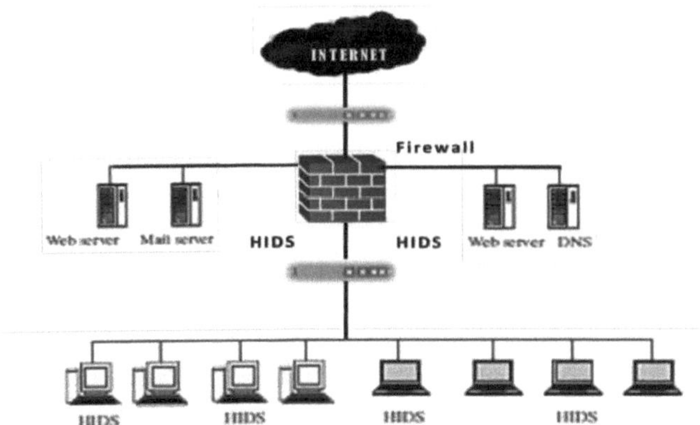

Figura 2.1: Rede IDS baseada em anfitrião

2.5.2 IDS em rede

Um IDS baseado em rede (ver Figura 2.2) utiliza o método casual de uma placa de bordo do sistema para recolher todos os pacotes, desde que estes passem. Wun e Chen (2003) sugerem uma estrutura destinada aos IDS baseados na rede Snort para descobrir a assinatura de ataque de uma série de pacotes e encontrar a série mais frequente. Han, Lu, Bo e Yong (2002) discutem a questão da descoberta de assinaturas em NIDS e apresentam um algoritmo de assinatura Apriority para descobrir a assinatura no tráfego, removendo não só as qualidades do procedimento de tráfego mas também o conteúdo do tráfego. De um modo geral, no âmbito de um sistema de deteção de intrusões em rede, os sistemas anfitriões interiores são protegidos por um sistema de deteção de intrusões em rede suplementar para atenuar o contacto com a cooperação interior e a utilização de numerosos sistemas de deteção de intrusões em rede numa rede é um exemplo de proteção de uma estrutura de segurança forte.

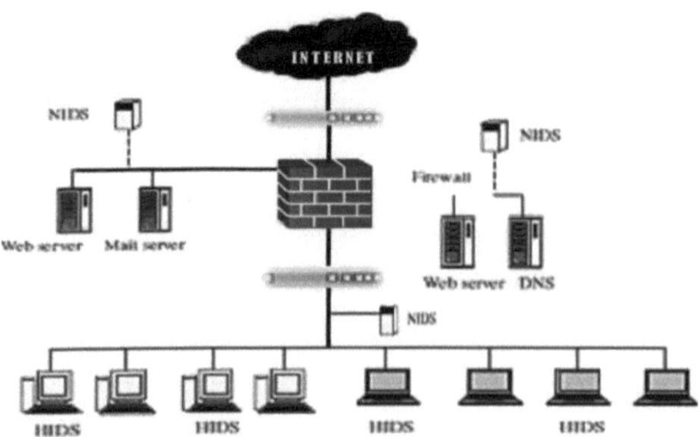

Figura 2.2: IDS em rede Rede

2.5.3 Comparação de IDSs baseados em host e em rede

Devido às diferentes fontes de dados utilizadas para análise, os IDS baseados no anfitrião podem detetar intrusões que os IDS baseados na rede não detectam e vice-versa. Por exemplo, uma vez que a passagem de quaisquer dados através da rede não é possível, um ataque a partir do teclado de um servidor crítico não pode ser visto pelos IDS baseados na rede, embora possa ser detectado pelos IDS baseados no anfitrião. Por outro lado, muitos ataques de DoS e de pacotes desconexos baseados no Protocolo Internet podem simplesmente ser detectados examinando os cabeçalhos dos pacotes à medida que estes atravessam a rede. Uma vez que os IDS baseados no anfitrião não podem examinar todos os cabeçalhos dos pacotes, não podem detetar estes tipos de ataques, que podem ser detectados pelos NIDS.

Um NIDS controla o tráfego do sistema através de um método que é claro para os utilizadores da rede. Por conseguinte, a possibilidade de um atacante conseguir localizar o monitor de rede e desactivá-lo sem grande esforço é reduzida. Em contrapartida, um IDS baseado no anfitrião pode ser atacado e desativado como elemento de um ataque ao anfitrião em que o IDS está situado.

Em particular, um HIDS pode decidir se um ataque foi bem sucedido, com maior correção e menos falsos positivos do que um sistema suportado pela rede. Isto resulta do facto de um IDS baseado no anfitrião utilizar registos que contêm eventos que já aconteceram. Um IDS baseado em rede só pode determinar que um ataque baseado em rede começou, mas não pode decidir se foi bem sucedido. Isto implica que, depois de um IDS baseado em rede ter detectado um ataque, os administradores têm de examinar manualmente cada anfitrião atacado para decidir se foi atacado.

Um NIDS não pode analisar pacotes encriptados, pois depende da localização da encriptação no ataque ao protocolo. Assim, um IDS baseado na rede não descobrirá certos ataques, que podem ser detectados por um IDS baseado no anfitrião se o fluxo de dados de entrada tiver sido desencriptado ao nível do sistema operativo.

Além disso, um IDS baseado no anfitrião reside no anfitrião que controla. Por conseguinte, apesar de não ser necessário qualquer hardware adicional, um IDS baseado no anfitrião utiliza os recursos do anfitrião controlado, afectando o desempenho do anfitrião.

Um IDS baseado em rede, por outro lado, normalmente apenas examina o tráfego de rede sem interferir com o funcionamento normal da rede. No entanto, os IDS baseados na rede podem ter dificuldade em categorizar todos os pacotes numa rede com grandes volumes de tráfego.

Uma vez obtidos os dados necessários, estes são analisados para detetar possíveis intrusões. A forma como os dados recolhidos são analisados é decidida pelo modelo de deteção de intrusões utilizado pelo IDS.

2.6 O modelo de deteção de intrusões utilizado pelo IDS

No que diz respeito ao modelo de ID, os IDS são categorizados com base no método de análise utilizado para detetar intrusões. Os IDS utilizam principalmente dois métodos: a deteção de anomalias e a deteção de utilização abusiva. Também é possível utilizar um agrupamento de técnicas de deteção de anomalias e de utilização abusiva mutuamente [41].

2.6.1 IDSs baseados na deteção de anomalias

Um IDS que utiliza a deteção de anomalias começa por criar um perfil do comportamento normal do sistema ou do utilizador durante o qual não ocorre qualquer intrusão. Uma vez criado o perfil, o IDS analisa o comportamento existente do sistema com base no comportamento registado anteriormente. Assume-se que quaisquer acções intrusivas resultarão num comportamento bastante diferente do normalmente observado no sistema. Quaisquer diferenças significativas do comportamento normal são tratadas como comportamento intrusivo.

Um IDS baseado na deteção de anomalias pode detetar ataques que o IDS não tenha visto antes. Por conseguinte, ao contrário dos IDS dependentes da deteção de abusos, não é necessário actualizá-los com novas assinaturas de ataque quando são planeados novos ataques.

Os IDS dependentes da deteção de anomalias têm normalmente uma elevada taxa de falsos positivos. Isto resulta do facto de os utilizadores e os sistemas apresentarem frequentemente um comportamento adequado, mas nunca antes visto. O comportamento anteriormente não visto é diferente do considerado normal pelo IDS e é, por isso, considerado anómalo e como uma provável intrusão. Além disso, os métodos de deteção de anomalias necessitam frequentemente de grandes "conjuntos de treino" de registos de incidentes de esquemas que lhes permitam diferenciar os métodos de comportamento habitual.

2.6.2 IDSs baseados na deteção de utilização indevida

Um IDS que utiliza a deteção de utilização indevida depende da procura de assinaturas de ataque no comportamento do sistema e dos seus utilizadores. Uma assinatura de ataque é um método de ataque conhecido que é conhecido por utilizar vulnerabilidades do sistema que conduzem a problemas de segurança. A deteção de utilização abusiva é muito útil para descobrir ataques conhecidos, o que leva a uma redução do número de falsos alarmes. Além disso, como os ataques conhecidos podem ser detectados, a deteção de uso indevido pode detetar de forma fiável a utilização de uma ferramenta ou método de ataque específico. Por conseguinte, os administradores de sistemas, sem se preocuparem com o seu nível de conhecimentos de segurança, podem detetar problemas de segurança nos seus sistemas e podem iniciar métodos importantes de tratamento de incidentes para lidar com o ataque específico [32].

Um IDS que utilize a deteção de utilização indevida não pode descobrir ataques nunca antes vistos, porque só sabe como detetar os ataques cujas assinaturas foram demarcadas. Por conseguinte, quando são planeados novos ataques, o IDS tem de ser atualizado com as novas assinaturas de ataque. Além disso, se uma assinatura de ataque for demasiado clara para um determinado método de ataque, o IDS não poderá utilizar essa assinatura para detetar diferenças desse método de ataque.

2.6.3 Abordagens de deteção de anomalias

Biermann, Clocte e Venter [43] reconhecem os seguintes métodos de deteção de anomalias:

2.6.3.1 Abordagem estatística

Nesta abordagem, o comportamento normal, ou esperado, é definido através da recolha de informações relativas às acções dos próprios consumidores durante um determinado período de tempo. As verificações numéricas são então úteis para o comportamento observado para decidir a propriedade do comportamento. O comportamento atual e o comportamento originalmente aprendido podem ser misturados em intervalos, o que permite ao IDS aprender adaptativamente o desempenho dos utilizadores. No entanto, também permite que o IDS seja gradualmente "treinado" por intrusos para identificar eventos intrusivos como comportamento normal [42].

2.6.3.2 Geração de padrões preditivos

Nesta técnica, as acções potenciais são previstas em função de acções que tenham ocorrido anteriormente. O IDS cria políticas que definem a probabilidade de ocorrência de um acontecimento positivo. Uma regra é constituída por uma face esquerda e uma face direita. A face esquerda define dois incidentes paralelos, enquanto a superfície direita dá a hipótese de um incidente claro subsequente às ocasiões definidas na face esquerda. Se a parte esquerda de uma regra for harmonizada, a parte direita afasta-se estatisticamente do cálculo e, nesse caso, o acontecimento é tratado como intrusivo.

2.7 Classificação das técnicas de processamento de dados de entrada em IDSs

Neste esforço, a apreensão dos métodos utilizados para o processamento de dados de entrada é medida durante a conceção e a execução de sistemas de deteção de intrusões. Analisar e categorizar esses métodos não é assim tão simples devido ao sistema original realizado e pode ser utilizada uma mistura de métodos. No entanto, reconhecê-los de forma independente ajuda a compreender melhor as virtudes com restrições numa base individual e empregando técnicas envolvidas na improvisação utilizando umas às outras, onze técnicas são reconhecidas e são apresentadas no nível inferior do diagrama [2.3] que é extensivamente e agora utilizado para o processamento de informações de entrada dos sistemas de deteção de intrusões. Na fase inferior da Fig. 2.3, métodos como os agentes e a DM inserem-se no grupo de estudo da informação clara. Este facto é demonstrado e especificado pela relação entre os grupos D.A e A.I. Os métodos, ESs e FL são sistemas baseados em modelos e regras, apresentados como a relação dispersa entre os grupos baseados em regras e A.I. na Fig. 2.3. Em seguida, é feita uma clarificação de cada ponto da Fig. 2.3, juntamente com uma série de singularidades reconhecidas.

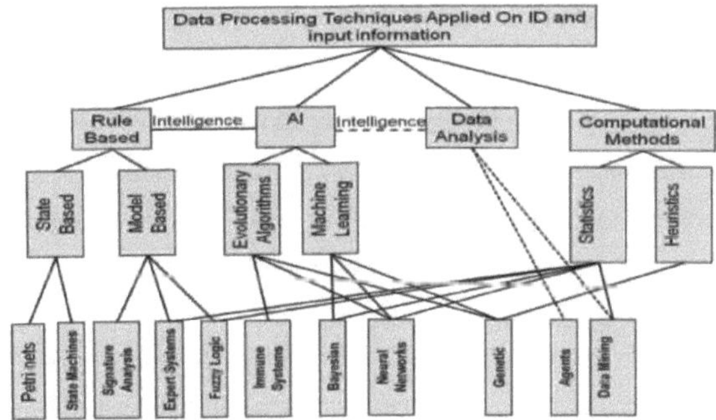

Figura 2.3: Técnicas de processamento de dados para sistemas de deteção de intrusões

2.7.1 Baseado em regras

Se o RBIDS tiver de utilizar informações de entrada ou dados de revisão, esses dados devem constar de um projeto de regras codificadas de interrupções identificadas. Os dados de entrada simbolizarão o desempenho invasivo reconhecido e a classificação da tentativa de imposição através da execução de acções do consumidor que orientarão as posições do sistema cooperativo. O Sistema de Deteção de Intrusão obterá as regras predefinidas como entrada, incluindo os dados de análise actuais, e testará se uma regra é activada. Em geral, com a utilização do sistema de base de regras, as modificações H/W ou S/W são afectadas e necessitam de informações por parte dos especialistas do sistema à medida que o sistema é melhorado ou preservado. Nessas alturas, o IDT é extremamente essencial e é utilizado num local em que a proteção física do sistema do processador não é constantemente provável e disponível, mas necessita de uma segurança poderosa.

2.7.1.1 Baseado no Estado

Na inspeção que se segue, os esforços de interrupção são descritos como uma sequência de procedimentos de esquema que se afirma vir da situação primária até uma última condição comprometida projectada num diagrama de mudança de estado. As duas entradas para a resolução do Sistema de Deteção de Intrusão consistem no estado dos diagramas de transição e na pista de auditoria das penetrações reconhecidas que serão posteriormente comparadas com uma ferramenta de estudo. A única vantagem de utilizar a ilustração S.B. da informação é que esta é auto-determinante do registo de seguimento da revisão e é eficiente na identificação de ataques conjuntos e ataques que se estendem ao longo das sessões multi-utilizador. No entanto, alguns ataques não podem ser identificados devido ao facto de não poderem ser modelados com transições de estado.

2.7.1.2 Baseado em modelos

Os esforços de interrupção na informação de entrada podem ser formados como uma série de actuações do consumidor. Este avanço processual permite o processamento de informações adicionais e oferece esclarecimentos instintivos adicionais sobre os esforços de interrupção e pode prever a exploração subsequente do intruso. Pode ser criada uma ilustração universal adicional de difusões, desde que essas interrupções sejam replicadas numa fase superior do conceito. Por outro lado, se um protótipo de assalto não ocorrer numa réplica de desempenho adequada, não pode ser identificado.

2.7.2 Inteligência Artificial

A I.A. improvisa algoritmos utilizando métodos explicativos difíceis utilizados por pessoas humanas como a educação, a preparação e a análise. Em geral, a I.A. está a trabalhar em duas vertentes: (1) As técnicas evolutivas são os dispositivos estimulados pelo desenvolvimento natural, como a cópia, a recombinação e a mutação. (2) A educação mecânica é perturbada pelo desenvolvimento e conceção das técnicas e algoritmos que permitem o conhecimento dos computadores. O centro principal do estudo da LM é retirar mecanicamente a informação dos dados [44].

2.7.3 Análise de dados

As informações são distorcidas para recolher informações úteis e chegar a uma conclusão, com a ajuda da análise de dados. É regularmente utilizada para apoiar ou criticar uma forma obtida, ou para recolher os limites necessários para se adaptar a uma réplica hipotética a uma réplica experimental. A DA inteligente simboliza que uma função está a realizar uma série de estudos ligados através da comunicação com o consumidor e, em seguida, fornece poucos detalhes e iminentes que não são aparentes.

Um dos problemas que se colocam em relação a esta abordagem é que a maioria dos registos de aplicações não corresponde a uma norma definida. A análise dos registos deve ser apresentada para encontrar factores comuns e vários tipos de registos que devem ser combinados. A dificuldade seguinte é a realidade do ruído, os valores omitidos e as informações insuficientes nas informações originais dos registos. Os assaltantes podem tirar partido do facto de os registos não poderem rastrear todas as informações e, por conseguinte, tirar partido deste ponto. Para acabar com isto, os conjuntos de informações do mundo real devem ser muito grandes e multidimensionais, o que exige a limpeza das informações e a redução dos dados [45].

2.7.4 Métodos computacionais

O objetivo do estudo do intelecto de cálculo é utilizar os algoritmos de estudo, adaptativos ou evolutivos para gerar os programas. Estes tipos de algoritmos permitirão que os esquemas funcionem em tempo real e identifiquem rapidamente as responsabilidades do sistema. Em geral, existem dois tipos de sistemas de deteção de intrusões que utilizam métodos computacionais: (1) Os sistemas de deteção de intrusões baseados em estatísticas são utilizados para reconhecer dados de análise que possam eventualmente indicar um desempenho invasivo. Estes métodos examinam os dados de acompanhamento da análise de entrada, comparando-os com os do comportamento normal para identificar violações da segurança. (2) O sistema de deteção de intrusão baseado em heurística pode ser uma tarefa que analisa o preço do caminho mais barato de um para outro nó.

2.7.5 Capacidades das técnicas de processamento utilizadas pelos sistemas de deteção de Intrusões

Uma vez que poucos métodos de tratamento da informação do sistema de deteção de intrusões são rigorosamente semelhantes, a cooperação e, por conseguinte, a classificação tornam-se complexas. Por outro lado, consideramos que as onze categorias reconhecidas apenas calculam a maioria dos tipos bem reconhecidos. Por exemplo, a partir da Figura 2.3, embora os sistemas periciais e a lógica difusa simbolizem a I.A. e o sistema baseado em regras, possuem caraterísticas e utilizações únicas. O resultado do ES é definitivo; a informação que é utilizada para criar o sistema é completa e a posição das políticas está perfeitamente definida. Quanto à L.L.F., que é geralmente utilizada em sistemas onde o resultado não é definido de forma adequada, é incessante entre zero e um.

2.7.5.1 Redes Bayesianas

As redes Bayesianas são utilizadas quando se pretende explicar a possibilidade provisória de um grupo de razões prováveis para uma ocasião específica e experimental que foi calculada a partir da possibilidade de uma razão individual e da probabilidade restrita do resultado de uma razão individual. Alguns métodos são concebidos utilizando ideias de redes Bayesianas. No sistema que se segue, o sistema de Scott [46] Intrusion

O sistema de deteção baseia-se em formas estocásticas de desempenho do cliente e do intruso em conjunto com o teorema de Bayes, que modera a dificuldade das ligações do sistema que contêm partilhas complexas. As possibilidades de interrupção podem ser derivadas e são utilizados gráficos dinâmicos para permitir que os examinadores utilizem a prova para navegar sobre a estrutura.

2.7.5.2 Redes Neuronais

O treino das NNs permite-lhes adaptarem-se a uma condição de uma organização através da perceção dos programas de entrada. Também estudam a conetividade entre os vectores de entrada e de saída e simplificam-nos para extrair novas conectividades de entrada e de saída. Estas são adequadas quando o reconhecimento e a divisão das acções do sistema dependem de fontes de dados de entrada imperfeitas e restritas. Por último, as NN não são adequadas quando a informação é vaga ou insuficiente e não são capazes de combinar dados numéricos com dados lógicos ou dados linguísticos. A seguir, o sistema [47] utilizou o processo de janela de tempo para identificar e é capaz de identificar assaltos longos com vários pacotes. Foram capazes de classificar os desvios colectivos que identificaram no tráfego da rede na fase inicial de processamento, observando apenas a singularidade de três pacotes. Utilizando os dados de entrada, a rede neural efectuou a deteção em tempo real depois de o sistema ter sido treinado.

2.7.5.3 Extração de dados

A D.M submete-se à associação de métodos e elimina os que não foram reconhecidos anteriormente, exceto a informação possivelmente útil dos registos dos sistemas de armazenamento. Uma técnica inicial de D.M usada em I.D é combinada por D.Ts [48] que reconhece irregularidades em grandes bases de dados extensas. O outro método utiliza a segmentação onde a diferenciação é feita entre os modelos de ataques não identificados que são extraídos de uma análise simples e os modelos de ataques não identificados previamente armazenados [49]. Um outro método D.M é combinado com a identificação das políticas da organização, extraindo conhecimentos anteriores não identificados sobre novos ataques e construindo protótipos de desempenho habituais [50]. Os procedimentos D.M permitem assim descobrir possibilidades e irregularidades em grandes conjuntos de dados de entrada.

Embora as técnicas de extração de dados sejam rigorosas em termos de memória, requerem um espaço de armazenamento duplo: um para os dados comuns do sistema de deteção de intrusões e o outro para o D.M. O sistema de Lee, Stolfo e Mok [49] foi eficaz até à deteção de anomalias utilizando regras pré-definidas; mas também necessita de um supervisor para o manter informado do esquema com as políticas relativas às agressões positivas. O método de criação de regras que foi desenvolvido descreve inicialmente uma regra combinada que identifica a conetividade entre as regras e, deste modo, obtém a confiança da regra.

2.7.5.4 Agentes

Os agentes são procedimentos adaptados às pessoas, capazes de diferenciar a sua localização com os sensores e de atuar sobre o meio envolvente com os efectores. Os agentes identificam os intrusos e extraem os dados de entrada que estão associados à interrupção, juntamente com o modo de interrupção, e mais tarde tomam uma decisão sobre a ocorrência de uma interrupção a partir dos esquemas de objectivos em todo o sistema. Uma das principais dificuldades relacionadas com os agentes é o facto de ser necessário um local de implementação extremamente seguro para o agente, mas que ao mesmo tempo preserve e dispense a informação de entrada. É difícil alargar os locais de implementação dos agentes a uma grande quantidade de servidores de terceiros. Foram concebidos vários esquemas utilizando agentes. Spafford e Zamboni [51] introduziram o modelo de agentes autónomos para a ID, que utiliza agentes independentes para a execução da ID. O seu modelo oferece uma estrutura valiosa para o teste e investigação de algoritmos e métodos de ID. O método de ID baseado em agentes probabilísticos (PAID) foi implementado por Gowadia e Farkas [52], com uma arquitetura de agentes cooperativos. Esta réplica permite que os agentes dividam as suas ideias e efectuem actualizações. Os cenários de intrusão são representados por grafos de agentes. Cada agente é acompanhado de um conjunto de entradas, saídas e variáveis locais.

2.7.5.5 Baseado na imunidade

Os sistemas de deteção de intrusões baseados na imunidade são concebidos com base na teoria do sistema imunitário das pessoas e podem executar tarefas relacionadas com a proteção natural e adaptativa. Em geral, os dados de análise que se assemelham ao desempenho adequado dos controlos são preservados e, em seguida, é criado um esquema de comportamento normal. Um confronto que tem de ser enfrentado é a distinção entre informação própria e não própria que, quando incomoda para gerir problemas de nivelamento de razões e a sobrevivência de lacunas nos locais de deteção.

As implementações de sistemas baseados na imunidade têm de ser objeto de várias tentativas. Poucos testaram a proteção da natureza e a linha primária de proteção no esquema imunitário que é suscetível de ataques identificados. Por exemplo, Twycorss e Aickelin [53] aplicaram a libtissue que utiliza uma conceção cliente/servidor que actua como uma fronteira para um problema utilizando métodos baseados na imunidade. Pagnoni e Visconti [54] aplicaram um NAIS habitante que protege as redes informáticas. O seu esquema foi capaz de distinguir entre os procedimentos habituais e os irregulares, identificar e proteger contra os ataques novos e não reconhecidos e, por conseguinte, rejeitar o acesso de procedimentos estrangeiros ao servidor. Para a resistência adaptativa, foram considerados dois avanços: a recolha negativa e as ideias da teoria do risco. Kim e Bentley [55] aplicaram um algoritmo de seleção ativa para utilizar a escolha sem entusiasmo por comparação de pequenos detectores para uma posição de antigénio especificada. Os detectores não desenvolvidos que estão ligados a um antigénio são expulsos e os detectores deixados de fora são somados à população convencional. É emitido um alarme em caso de antigénio correspondente na memória. Um avanço muito recente na aplicação da proteção adaptativa utiliza a ideia da teoria do risco [56]. A teoria do risco propõe que uma resposta imunitária responda a sinais de perigo resultantes da ocorrência de danos na célula e que não seja para a personalidade familiar ou não do cadáver.

2.7.5.6 Algoritmos genéticos

G.As é simbolizado como relações de métodos de resolução de dificuldades são suportados no desenvolvimento e na recolha normal. As chaves possíveis para a questão a resolver são fixadas como séries de caracteres, bits ou números. Gene é o termo utilizado para designar a unidade de codificação e cromossoma é o termo utilizado para designar a sequência codificada. O G.A. começa com os habitantes dos cromossomas e um objetivo de avaliação que calcula a força de cada cromossoma. Por fim, o algoritmo utiliza a réplica e a alteração para recriar novas respostas. No sistema de Shon e Moon [57], o Enhanced SVM apresenta conhecimento não monitorizado e baixa capacidade de falsos alarmes. O esquema de pacotes normais é formado sem qualquer conhecimento prévio existente. Após a filtragem, é utilizado um G.A. para extrair informação optimizada de pacotes de Internet em bruto. O fluxo de pacotes que se baseia em associações cronológicas através dos dados é pré-processado e utilizado na aprendizagem da Máquina de Vectores de Suporte.

2.7.5.7 Lógica difusa

A lógica difusa é um sistema lógico que imita a escolha da pessoa que cria e contrata com a ideia de um facto incompleto em que as regras podem ser articuladas de forma imprecisa. Foram desenvolvidos vários sistemas com F.L. Abrahama et al [58], que esculpiram um sistema de deteção de intrusões baseado em computação suave disseminado como uma mistura de categorias diferentes para replicar sistemas de deteção de intrusões triviais e de grande massa. Os seus resultados experimentais mostram que uma abordagem de computação suave pode desempenhar uma posição principal na identificação, em que o classificador difuso deu uma correção de cem por cento para todas as categorias de ataque com todas as caraterísticas utilizadas. Abadeh, Habibi e Lucas [59] explicam um algoritmo de aprendizagem apoiado por genética difusa e falam da sua utilização na deteção de interrupções numa rede de processadores. Recomendaram uma nova função de robustez que é capaz de criar regras fuzzy efectivas adicionais que aumentam a taxa de deteção e os falsos alarmes. Por último, recomendaram a união de duas técnicas de função de robustez diferentes num único classificador, para utilizar as vantagens das funções de robustez combinadas.

2.7.5.8 Sistemas Periciais

Os sistemas de deteção de intrusão baseados em E.S. fazem esboços aritméticos de unidades como clientes, terminais e programas de aplicação e utilizam um desempenho estaticamente anormal para identificar intrusos. Esforçam-se por uma localização predefinida de regulamentos que se assemelham a uma série de actos que definem um assalto. Com o E.S., todas as ocasiões ligadas à segurança que estão envolvidas numa pista de análise são interpretadas em períodos de regras if- then -else. Os S.E. são capazes de manter e preservar níveis importantes de informação. Por outro lado, a obtenção de leis a partir dos dados de entrada é um procedimento cansativo e propenso a falhas. O sistema de Ilgun, Kemmerer e Porras [60], é um processo derivado para identificar interrupções em tempo real com base na análise da evolução do estado. Esta réplica é significada com a sequência de modificações de condições que se seguem de um estado seguro inicial para um estado de cooperação objetivo. Os criadores urbanizaram a U State Transition Analysis Tool, que é um modelo preciso UNIX do STAT, que é um E.S. suportado por regras, que é um feed de ilustrações. Em comum, a State Transition Analysis Tool retira e avalia a informação sobre a evolução do estado registada nos trilhos de revisão do sistema de objectivos para uma ilustração baseada em regras de ataques identificados que é particular ao sistema.

Em Snapp e Smaha (1992) é apresentada uma ilustração da utilização de tais sistemas na deteção de intrusões. Este sistema codifica o conhecimento relativo a casos de ataque como regras "se-então" em CLIPS (Giarratano, 1992) e afirma que os pormenores correspondem a eventos do registo de auditoria. As acções do lado direito são executadas quando todas as condições da área esquerda de uma lei são satisfeitas. O sistema de deteção de intrusões IDES utiliza o P-BEST, um sistema pericial baseado em regras gerais (Lunt et al., 1992) (ver Figura 2.4 para um exemplo de motor de decisão). Alguns outros sistemas como, por exemplo, o OSIRIS (Baur e Weiss, 1988) utilizam regras Prolog para codificar as assinaturas de intrusão.

Figura 2.4: Uma estrutura de regras de produção para um sistema pericial

Há uma série de problemas práticos relacionados com a deteção de intrusões baseada em regras:

- O profissional de segurança tem de formular o sistema pericial e é por isso que o sistema será tão robusto como os profissionais de segurança que o programam (Lunt, 1993).

• É muito difícil manipular regras numa base de regras, porque todas as acções devem ser tidas em consideração para contabilizar as interdependências entre diferentes regras (Snapp e Smaha, 1992).

• Não existe uma ordenação cronológica da informação, devido a uma variedade de formas que constroem uma lei que não são familiares para serem preparadas (Sundaram, 1998).

2.7.5.9 Análise de assinaturas ou correspondência de padrões

Neste avanço, a explicação semântica de um ataque é transformada na conceção de um rasto de revisão adequado em nome de uma assinatura de ataque. Uma situação de assalto pode ser explicada como uma série de eventos de auditoria gerados num determinado ataque. A deteção é feita através da utilização de dispositivos correspondentes a cadeias de texto. É necessária a competência humana para detetar e retirar dos dados de entrada elementos essenciais ou modelos não contraditórios. O método de Kumar [61] baseia-se na dificuldade de correspondência. Com base na correção da deteção preferida, ele urbanizou uma categorização para simbolizar os sinais de interrupção e utilizou codificações diferentes para uma suscetibilidade de segurança semelhante. O seu protótipo incluía várias especificações teóricas que representam toda a variedade e simplificação das situações de interrupção, incluindo a semântica de seguimento do símbolo de contexto, o padrão de acontecimentos e a demonstração de invariantes.

2.7.5.10 Máquinas de estado

A S.M. replica o desempenho como um conjunto de condições, alterações e explorações. Um ataque é definido com um conjunto de objectivos e alterações que têm de ser realizados por um intruso para comprometer um sistema. Foram concebidos alguns esquemas utilizando este tipo de método. Sekar et al [62] utilizaram as estipulações S.M dos protocolos de rede, que são aumentadas com informações sobre estatísticas que têm de ser mantidas para identificar irregularidades. Os termos do protocolo simplificaram o procedimento de seleção de atributos físicos utilizado em outros avanços na deteção de anomalias. A linguagem exigida é bastante simples para simplificar ainda mais a sua utilização em direção a outras camadas, como o protocolo de transporte de hipertexto e o ARP

protocolos. Peng, Leckie e Ramamohanarao [63] sugeriram uma estrutura para sistemas de descoberta dispersos. Melhoraram a eficácia do seu sistema utilizando uma heurística para iniciar a arquitetura hierárquica do sistema e o limiar de difusão. Ilustraram um plano para identificar os pacotes irregulares que têm origem na reprodução ou no ataque, examinando os atributos incorporados do ataque refletor.

1.1 .5.11 Redes de Petri

As Redes de Petri Coloridas são utilizadas para indicar o fluxo de gestão em esquemas simultâneos assíncronos. A organização de um sistema circulado como um gráfico bipartido dirigido com comentários é representada graficamente. Tem pontos de transição, pontos de colocação e curvas que ligam as posições às mudanças. No esquema de Srinivasan e Vaidehi [64] é apresentada uma réplica comum de uma rede de Petri colorida instanciada, capaz de gerir protótipos criados para replicar o desempenho do ataque como uma série de eventos. Esta réplica também permite que o ataque falhe, quando o comportamento de um ou mais procedimentos é igual ao desempenho do ataque. A utilização de um símbolo gráfico de uma rede de Petri colorida instanciada permite uma observação clara das relações entre os ataques.

2.8 Questões fundamentais em IDS

No artigo apresentado por Cansian e Adriano Um modelo de assinatura de ataque para a deteção de intrusões na segurança informática, os ataques externos e internos às redes informáticas ou as ameaças à segurança ocorrem de acordo com princípios e seguem um conjunto de passos sucessivos, permitindo estabelecer padrões ou perfis. Este comportamento reconhecido é a base do estudo de assinaturas de sistemas de deteção de intrusão. Esta abordagem demonstra um novo modelo de assinatura de ataque para ser aplicável em motores de sistemas de deteção de intrusão baseados em rede.

Num documento apresentado por Zhao e Jun-Zhong Um sistema de deteção de intrusões baseado na extração de dados e em princípios imunitários explica um quadro de um sistema de deteção de intrusões (IDS) baseado em princípios imunitários. Aqui são utilizadas técnicas de extração de dados para descobrir padrões que ocorrem regularmente. Um sistema de deteção de intrusões distribuído baseado numa avaliação difusa e abrangente apresentado por Ouyang e Ming-Guang. O motor de decisão difusa (Fuzzy Decision Engine - FDE), que é um componente do agente de deteção num sistema de deteção de intrusões disperso, pode considerar uma variedade de factores com base numa avaliação abrangente difusa quando se julga um comportamento de intrusão. Num artigo sobre Deteção de port-scans e impressão digital do sistema operativo utilizando agrupamentos, Kumar e Parimal explicaram que o portscanning e a impressão digital do sistema operativo exploram as vulnerabilidades do TCP/IP para a intrusão numa rede informática.

Em 2002, Sekar, no seu artigo Specification-based anomaly detection: A new approach for detecting network intrusions" (Uma nova abordagem para a deteção de intrusões na rede), apresentou uma ideia invulgar. Verificou-se que as técnicas baseadas em especificações criam uma baixa taxa de falsos alarmes, mas não são tão eficientes como a deteção de anomalias na deteção de novos ataques, em especial quando se trata de investigação da rede e de ataques de negação de serviço. Este documento demonstra uma abordagem completamente nova que mistura a deteção de intrusões com base em anomalias, atenuando os pontos fracos das duas abordagens ao mesmo tempo que amplia os seus pontos fortes. O método começa com especificações de máquinas de estado de protocolos de redes e aumenta essas máquinas de estado com dados sobre estatísticas que precisam de ser sustentadas para identificar anomalias.

Inoue e Hajime, no artigo Anomaly intrusion detection in dynamic execution environments, descrevem um sistema de deteção de anomalias por intrusão para plataformas que incorporam a compilação dinâmica e a definição de perfis. Esta abordagem, designada "sandboxing dinâmico", reúne informações sobre o comportamento das aplicações, normalmente indisponíveis para outros sistemas de deteção de anomalias de intrusão, e é capaz de detetar anomalias na camada da aplicação. Esta implementação é eficaz e eficiente na deteção de um backdoor e de um vírus, e tem uma baixa taxa de falsos positivos.

Em 2002, Taylor e Carol apresentaram um artigo sobre uma análise empírica do NATE - Network analysis of Anomalous Traffic Events. Este artigo apresenta os resultados de uma análise empírica do NATE (Network Analysis of Anomalous Traffic Events), uma ferramenta de deteção de intrusões leve e baseada em anomalias.

Mahoney e Chan realizaram um trabalho credível na deteção de novos ataques e apresentaram um artigo sobre a aprendizagem de modelos não estacionários do tráfego de rede normal para a deteção de novos ataques em 2002. O documento propõe um algoritmo de aprendizagem que constrói modelos de comportamento normal a partir de tráfego de rede sem ataques. O comportamento que se desvia do modelo normal aprendido sinaliza possíveis novos ataques. Este IDS é único em dois aspectos. Primeiro, ele é não-estacionário, modelando as probabilidades com base no tempo desde o último evento e não na taxa média. Isso evita inundações de alarmes. Em segundo lugar, o IDS aprende vocabulários de protocolo (nas camadas de ligação de dados até às camadas de aplicação) para detetar ataques desconhecidos que tentam explorar erros de implementação em caraterísticas pouco testadas do software alvo.

Em 2003, Kemmerer e Richard apresentaram um documento sobre a segurança da Internet e a deteção de intrusões que destaca as principais técnicas de ataque utilizadas atualmente na Internet e as possíveis contramedidas. Em particular, as técnicas de deteção de intrusões são analisadas em pormenor. Este documento combina um carácter prático com uma discussão sobre a investigação atual neste domínio. Em 2003, Feng e Hanping publicaram um artigo sobre a deteção de anomalias utilizando informações da pilha de chamadas. A pilha de chamadas da execução de um programa pode ser uma fonte de informação muito boa para a deteção de intrusões. Não existe nenhum trabalho anterior sobre a extração dinâmica de informações da pilha de chamadas e a sua utilização eficaz para detetar explorações. Neste documento, é proposto um novo método para efetuar a deteção de anomalias utilizando informações da pilha de chamadas. A ideia básica é extrair endereços de retorno da pilha de chamadas e gerar um caminho de execução abstrato entre dois pontos de execução do programa. As experiências mostram que este método pode detetar alguns ataques que não podem ser detectados por outras abordagens, enquanto a sua convergência e desempenho de falsos positivos são comparáveis ou melhores do que as outras abordagens.

Em 2003, Ling e Jun, no artigo Novel immune system model and its application to network intrusion detection (Novo modelo de sistema imunitário e sua aplicação à deteção de intrusões na rede), analisam as técnicas e a arquitetura dos actuais sistemas de deteção de intrusões na rede e investigam os fundamentos do sistema imunitário (SI). Além disso, este documento sugere um esquema para representar o auto-perfil da rede. E é fornecido um algoritmo automatizado de extração do auto-perfil para extrair o auto-perfil dos pacotes. Quase ao mesmo tempo, Tapiador e Juan, no seu artigo sobre NSDF: A computer network system description framework and its application to network security descrevem um quadro geral, designado NSDF, para descrever sistemas de rede. Tanto as entidades como as relações são a base subjacente ao conceito de estado do sistema. A dinâmica de um sistema de rede pode ser concebida como uma trajetória no espaço de estados. O termo ação é utilizado para descrever todos os eventos que podem produzir uma transição de um estado para outro. Estes conceitos (entidade, relação, estado e ação) são suficientes para construir um modelo do sistema. A evolução e o dinamismo são facilmente capturados e é possível monitorizar o comportamento do sistema.

Em 2003, Xiang e Ga, no seu artigo Generating IDS attack pattern automatically based on attack tree (Geração automática de padrões de ataque IDS com base na árvore de ataque), ilustram a geração automática de padrões de ataque com base na árvore de ataque. É proposta a definição alargada da árvore de ataque e é apresentado o algoritmo de geração da árvore de ataque. É apresentado o método de geração automática de padrões de ataque com base na árvore de ataque, que é testado por instâncias de ataque concretas. Os resultados mostram que o algoritmo é eficaz e eficiente. A eficiência da geração de padrões de ataque é melhorada e as árvores de ataque podem ser reutilizadas. Em 2003, Gao e Meimei trabalharam num documento intitulado "Fuzzy intrusion detection based on fuzzy reasoning Petri Nets". A técnica baseada em regras difusas, que combina a lógica difusa e a metodologia de sistemas especializados, não só é capaz de lidar com a incerteza na deteção de intrusões, como também permite o raciocínio mais flexível sobre a maior variedade possível de informações. Pode ser utilizada tanto na deteção de anomalias como de utilizações indevidas. Este documento apresenta um método de deteção de intrusões baseado numa técnica de regras difusas. O modelo de redes de Petri de raciocínio difuso (FRPN) é utilizado para representar a base de regras difusas e para derivar a decisão final de deteção como um motor de inferência. As FRPN têm capacidade de raciocínio paralelo e são facilmente utilizadas na deteção em tempo real.

Em 2003, Sarawagi e Sunita, no seu artigo sobre técnicas e aplicações de extração de dados sequenciais, comentam que muitas aplicações interessantes de extração na vida real se baseiam na modelação de dados como sequências de registos discretos de múltiplos atributos. Os modelos de extração para a deteção de intrusões na rede consideram os dados como sequências de pacotes TCP/IP.

Erbacher e Robert, em 2003, apresentaram um documento sobre a análise e aplicação de algoritmos de disposição de nós para a deteção de intrusões. O ambiente de monitorização proposto ajuda os administradores de sistemas a acompanharem as actividades desses sistemas com requisitos de tempo muito inferiores aos da análise dos ficheiros de registo típicos. Com muitos sistemas ligados à rede, a tarefa torna-se significativamente mais difícil. Se for identificado um ataque num sistema, é provável que todos os sistemas tenham sido atacados. A capacidade de correlacionar a atividade entre várias máquinas é fundamental para uma análise e monitorização completas do ambiente. Este documento discute as técnicas de disposição experimentadas e a sua eficácia. Zhong e Shao-Chun apresentaram um artigo sobre um sistema seguro de agentes móveis para a deteção distribuída de intrusões, no qual foram desenvolvidas algumas aplicações da tecnologia de agentes móveis (MA) em sistemas de deteção de intrusões. A tecnologia MA pode proporcionar flexibilidade ao IDS e melhorar a capacidade de deteção distribuída. São apresentados a arquitetura do sistema MA-IDS e os métodos pormenorizados de deteção local de intrusões e de deteção distribuída de intrusões.

Sabhnani e Maheshkumar, no seu trabalho sobre a aplicação de algoritmos de aprendizagem automática ao conjunto de dados de deteção de intrusões do KDD no contexto da deteção de abusos, em 2003, comentam que um pequeno subconjunto de algoritmos de aprendizagem automática, na sua maioria baseados na aprendizagem indutiva, aplicado ao conjunto de dados de deteção de intrusões da Taça KDD 1999, teve um desempenho medíocre nas categorias de ataque utilizador-raiz e remoto-local, tal como referido na literatura recente. O presente documento avalia o desempenho de um conjunto abrangente de algoritmos de reconhecimento de padrões e de aprendizagem automática em quatro categorias de ataques, tal como se encontram no conjunto de dados de deteção de intrusões da Taça KDD 1999. Os resultados do estudo de simulação implementado para o efeito indicaram que determinados algoritmos de classificação têm melhor desempenho para determinadas categorias de ataque: um algoritmo específico especializado para uma determinada categoria de ataque. Consequentemente, foi criado um modelo multi-classificador, em que um algoritmo de deteção específico está associado a uma categoria de ataque para a qual é mais promissor.

Os resultados empíricos obtidos através de simulação indicam que foi alcançada uma melhoria notável do desempenho para ataques de sondagem, de negação de serviço e de utilizador para raiz.

Sabhnani e Maheshkumar prosseguiram o trabalho e, num outro artigo intitulado Formulation of a heuristic rule for misuse and anomaly detection for U2R attacks in solaris operating system environment, propõem uma regra heurística para a deteção de ataques do utilizador à raiz (U2R) contra o sistema operativo Solaris. As caraterísticas relevantes para o desenvolvimento de regras heurísticas foram extraídas manualmente utilizando os dados de auditoria do módulo de segurança básica do Solaris. Os resultados mostram que todos os ataques do utilizador à raiz que exploram o programa suid foram detectados com 100% de probabilidade e com zero falsos alarmes. A regra pode detetar tanto tentativas bem sucedidas como mal sucedidas de U2R contra o sistema operativo Solaris. A regra proposta é suficientemente geral para detetar qualquer ataque U2R que aproveite a técnica de buffer overflow. Os resultados empíricos indicam que a regra também detectou novos ataques user-to-root no conjunto de dados de deteção de intrusões DARPA 1998.

Heo e Young-Jun apresentaram um documento sobre a eliminação de ataques DoS utilizando a análise wavelet, que propõe uma nova abordagem para a deteção de um ataque DoS e DDoS. A utilização do filtro de cache LRU e da abordagem Wavelet para analisar as caraterísticas das anomalias do tráfego de rede, considerando que as alterações na variância wavelet são um potencial ataque DoS e comparando a variância wavelet com o perfil do fluxo para validar o ataque.

Amo e Sandra, em 2003, apresentaram o artigo Mining generalized sequential patterns using genetic programming. Propõem um novo tipo de padrão sequencial denominado Padrão Sequencial Generalizado e introduzem o problema da extração de padrões sequenciais generalizados em bases de dados temporais.

Em 2004, Ye e Nong publicaram um artigo sobre a robustez do modelo de cadeia de Markov para a deteção de ciberataques. Este artigo apresenta uma técnica de deteção de ciberataques através da deteção de anomalias e discute a robustez da técnica de modelação utilizada. Nesta técnica, um modelo de cadeia de Markov representa um perfil de transições computador-acontecimento numa condição de funcionamento normal/usual de um computador e de um sistema de rede. O modelo de cadeia de Markov do perfil normal é gerado a partir de dados históricos das actividades normais do sistema. As actividades observadas do sistema são analisadas para inferir a probabilidade de o modelo de cadeia de Markov do perfil de normas suportar as actividades observadas. Quanto menor for a probabilidade de as actividades observadas receberem do modelo da cadeia de Markov do perfil normal, maior é a probabilidade de as actividades observadas serem anomalias resultantes de ciberataques, e vice-versa

Xu e Ming, no seu documento Anomaly detection based on system call categorization (Deteção de anomalias baseada na categorização de chamadas de sistema), pretendem criar um novo modelo de deteção de anomalias baseado em regras. É demonstrada uma categorização abrangente das chamadas de sistema LINUX de acordo com a sua função e nível de ameaça. O modelo de deteção visa as chamadas cruciais (ou seja, as chamadas de nível de ameaça 1). No processo de aprendizagem, o modelo de deteção processa dinamicamente cada chamada crucial, mas não utiliza a extração de dados ou as estatísticas dos dados estáticos. Dependendo de algumas regras simples definidas e da limpeza, o número de regras na base de dados de regras pode ser reduzido, de modo a que o tempo de correspondência das regras possa ser reduzido de forma eficiente no processamento da deteção. O resultado experimental mostra que o modelo de deteção pode identificar ataques R2L e U2R. A anomalia detectada restringe-se aos pedidos relacionados, mas não ao traço total. O modelo de deteção é robusto para os processos privilegiados, especificamente para aqueles que se baseiam em respostas a pedidos.

Em 2004, Yang e Hongyu apresentaram uma ideia diversa com o módulo de apoio à decisão introduzido na deteção de intrusões. Em 2004, apresentaram um documento intitulado "An application of decision support to network intrusion detection" (Uma aplicação do apoio à decisão à deteção de intrusões na rede), que explica a conceção de um módulo de apoio à decisão (DSM) para o sistema de deteção de intrusões, que fornece deteção ativa e apoio à resposta automática durante as intrusões. A principal função do módulo de apoio à decisão é recomendar acções e fornecer alternativas e as implicações de cada uma das acções recomendadas. No módulo de apoio à decisão, o AG (algoritmo genético) foi executado num subconjunto de dados, designado por dados de treino, e depois verificado em todo o conjunto de dados para verificar o desempenho em condições reais.

Zhang e Lian-Hua, no seu artigo sobre a deteção de intrusões utilizando a categorização de conjuntos aproximados em 2004, comentaram que, ultimamente, as técnicas de deteção de intrusões baseadas na aprendizagem automática têm sido objeto de investigações agressivas devido ao facto de poderem identificar tanto anomalias como utilizações indevidas. Neste documento, a classificação de conjuntos aproximados (RSC), um algoritmo de aprendizagem moderno, é utilizada para classificar as caraterísticas obtidas para identificar intrusões e produzir modelos de deteção de intrusões.

Em 2004, Imamura e Kosuke apresentaram um artigo sobre a aplicação potencial da computação baseada na formação à deteção de intrusões, no qual comentam que, sem a deteção de uma intrusão na rede, um sistema não será capaz de se defender adequadamente. Assim, o passo inicial para proteger a integridade do sistema é detetar se o sistema está a ser atacado ou não. As técnicas de análise de pacotes são eficientes na deteção de ataques conhecidos, mas falham na deteção de ataques não reconhecidos. Para proteger o sistema de ataques desconhecidos e não reconhecidos, é desenvolvido um sistema classificador que seja independente das assinaturas encontradas nos pacotes de rede. Uma das formas promissoras de realizar essa classificação é traçar o perfil das atividades no nível do kernel. Uma técnica de conjunto de classificadores provavelmente mais favorável é utilizada para supervisionar a atividade do kernel e, eventualmente, para prever se o sistema está ou não sob ataque.

Du e Yan-Hui, no seu artigo sobre a descrição formalizada do ataque distribuído de negação de serviço, tentam avaliar, verificar e julgar o DDoS. Após um estudo cuidadoso dos princípios e caraterísticas do ataque, é apresentada uma descrição formalizada orientada para objectos, que contém uma estrutura de três níveis e apresenta especificações completas de todos os tipos de modos de DDoS, as suas caraterísticas e as relações entre si. O seu melhor mérito reside no facto de contribuir para avaliar, verificar e julgar o DDoS.

Teng e Shaohua, no seu artigo sobre o modelo de deteção de ataques de varrimento através do agrupamento de caraterísticas e da análise estatística em 2004, comentam que os atacantes raramente encontram um anfitrião que é atacado na Internet por varrimento, pelo que muitos ataques podem ser travados se esse tipo de ataques de varrimento for detectado. Atualmente, existem principalmente dois tipos de processos de deteção de ataques de varrimento: a deteção baseada em estatísticas e a deteção baseada em caraterísticas. Mas a taxa máxima de falsos negativos e falsos positivos faz com que não sejam muito eficientes. Nesta investigação, é documentado um novo método de deteção de ataques de scanner, misturando caraterísticas com análise estatística. Este método consegue detetar eficazmente os ataques de scanner com uma taxa mais baixa de falsos positivos e falsos negativos.

Noutro documento diferente, apresentado por Teng e Shaohua em 2004, sobre o raciocínio de caso e a análise da transição de estados para a deteção de intrusões, comentou-se que, quando se cria um novo cenário de intrusão, é possível obter muitas técnicas de intrusão trocando a série de comandos ou substituindo-os por comandos funcionalmente semelhantes, o que dificulta muito a deteção da intrusão desenvolvida. Para ultrapassar este problema, é sugerido neste documento um Raciocínio de Caso e Análise de Transição de Estado (CRASTA). Para um caso de intrusão, todas as intrusões derivadas prováveis são criadas como uma base de intrusões e, com base nessa base de intrusões, é apresentado um algoritmo eficaz e eficiente para identificar essas intrusões utilizando uma automatização limitada. Uma intrusão derivada pode ser vista como uma intrusão desconhecida e, neste sentido, a técnica proposta pode identificar algumas intrusões não reconhecidas.

Num documento apresentado por Zhao e Yuming sobre o estudo da deteção de anomalias com base em chamadas de sistema e na tecnologia de extração de dados, em 2004, são apresentadas as categorias de deteção de intrusões e as técnicas de extração de dados que são aplicadas na deteção de anomalias. Explica também a conceção e a aplicação do IDS de anomalias em função das chamadas do sistema e dos algoritmos de extração de dados.

Abraham, em 2004, investigou a adequação da técnica de programação genética linear (LGP) para modelar sistemas de deteção de intrusões rápidos e eficientes. O desempenho e a precisão da LGP foram comparados com os resultados gerados pelos métodos ANN e de árvores de regressão. A análise realizada sobre o popular conjunto de dados DARPA IDS mostrou que a LGP superou as árvores de decisão e as máquinas de vectores de apoio em termos de precisão de deteção (exceto para uma classe). As árvores de decisão foram consideradas as segundas melhores, especificamente para a deteção de ataques U2R.

No documento apresentado por Xu e Ming em 2005, Two-layer Markov chain anomaly detection model (modelo de deteção de anomalias em cadeia de Markov de duas camadas), propõe-se, com base no atual modelo de deteção de anomalias em cadeia de Markov de camada única, um novo modelo de duas camadas. Dois processos especificamente diferentes, os diferentes pedidos e a sequência de chamadas do sistema na mesma secção de pedido, são classificados como duas camadas e tratados por cadeias de Markov diferentes, de forma correspondente. O quadro de duas camadas pode representar a atividade dinâmica do processo protegido mais de perto do que o quadro de camada única, de modo que o modelo de deteção de duas camadas pode incentivar a taxa de deteção e reduzir a taxa de falsos alarmes. Além disso, a anomalia detectada será restringida nas secções dos pedidos relacionados com a ocorrência da anomalia. O novo modelo de deteção é adequado para processos privilegiados, nomeadamente para os que se baseiam em pedidos-respostas.

Zhao et al., em 2005, sugeriram um sistema de deteção de utilização indevida e um sistema de deteção de anomalias que codificam os conhecimentos de peritos profissionais sobre padrões conhecidos de ataques e vulnerabilidades do sistema como regras "se-então". A ligação normal e a ligação intrusiva foram divididas em vários conjuntos de agrupamentos e, em seguida, para as diferenciar, os investigadores integraram o GA para detetar a ação intrusiva. O sistema dos investigadores agrupou as duas fases (fase de agrupamento e fase de otimização genética) no processo. O GA foi efetivamente aplicado e aprendido num caso de teste do mundo real. Quase ao mesmo tempo,

Gong et al. escolheram a técnica GA para a deteção de utilização indevida da rede, devido à sua robustez ao ruído, não sendo necessária qualquer informação sobre o gradiente para identificar uma solução global óptima ou subóptima, e à auto-aprendizagem.

Kim et al. propuseram, em 2005, um algoritmo genético para fazer progredir os IDS baseados em máquinas de vectores de apoio. Para melhorar o desempenho global do IDS, fundiram o GA e o SVM. Foi determinado um modelo de deteção mais favorável para o classificador SVM. Como resultado da fusão, o IDS baseado em SVM não só escolheu os parâmetros óptimos para SVM mas também o conjunto de caraterísticas ótimo no meio de todo o conjunto de caraterísticas.

Selvakani et al. em 2007 aplicaram a tecnologia de algoritmo genético. O desempenho desta metodologia apresenta uma taxa de deteção baixa. Anup et al. em 2008 propuseram um IDS de rede baseado em algoritmo genético. O desempenho deste sistema é baixo no que respeita à taxa de falsos alarmes. Mohammadreza Ektea et al. em 2010, Zubair A. Baig et al. em 2011 Propuseram a deteção de intrusões utilizando técnicas de extração de dados. O desempenho deste sistema é baixo em termos de taxa de deteção.

2.9 Conjunto de dados KDDCUP99 - Introdução

O KDDCUP 99 é o conjunto de dados preparado para o Terceiro Concurso Internacional de Ferramentas KDD, que se realizou em associação com a Knowledge Discovery Data mining - 99, a 5ª Conferência Internacional KDD. O trabalho do concurso consistiu em construir um ID de rede, uma réplica profética capaz de distinguir entre as "más" ligações, chamadas interrupções ou assaltos, e as "boas" ligações comuns. Esta base de dados tem um conjunto normal de informações a verificar, que inclui uma vasta gama de interrupções replicadas num ambiente de rede armada. O programa de estimativa de ID da Agência de Projectos de Investigação Avançada da Defesa de 1998 foi organizado e dirigido pelos Laboratórios Lincoln do MIT. O objetivo era analisar e avaliar o estudo da identificação. Foi apresentado um conjunto regular de dados a analisar, que contém uma vasta gama de interrupções replicadas num local de rede armada. O concurso KDD ID de 1999 utiliza um registo deste conjunto de dados. Os Laboratórios Lincoln criaram um local para obter nove semanas de dados brutos de despejo do Protocolo de Controlo de Transmissão para uma LAN que replica uma LAN típica da Força Aérea dos EUA. Activaram as redes locais como se fosse um ambiente exato da Força Aérea, mas interromperam-no com vários ataques. Os dados brutos de treino eram cerca de 4 G.Bs de dados binários compactados de despejo do Protocolo de Controlo de Transmissão, formando sete semanas de tráfego de rede. Tratava-se de 5 milhões de registos de correlação. Do mesmo modo, as duas semanas de dados de teste produziram aproximadamente dois milhões de registos de ligação. Uma relação é uma série de pacotes do Protocolo de Controlo de Transmissão que começam e terminam em momentos bem definidos, entre os quais os dados vão de e para um endereço de Protocolo Internet de base para um endereço de Protocolo Internet de destino, ao abrigo de uma série de protocolos bem definidos. Cada

A ligação é marcada como comum ou como um ataque, com um tipo exato de ataque. Cada registo de ligação é composto por cerca de 100 bytes.

2.10 Classificação das agressões

A apresentação e a análise dos resultados serão mais fáceis se os grupos que partilham propriedades comuns forem classificados em grupos de ataque. A classificação que se segue foi originalmente apresentada em. Baseia-se no nível de alcance do atacante com as respectivas alterações. Nesta taxonomia, há quatro níveis de acesso que um atacante pode ter. São eles o acesso remoto, o acesso local, o acesso de superutilizador e o acesso físico. No acesso remoto, o atacante pode enviar pacotes de rede para a máquina da vítima, mas não tem uma conta nesse mecanismo. No acesso local, o atacante tem uma descrição do mecanismo de fatalidade e no acesso de superutilizador, o atacante tem privilégios de root na máquina vítima. Em cada classe, os atacantes ou apresentam alguma ação a um determinado nível ou tentam obter um nível de acesso mais elevado. As quatro classes desta categorização são explicadas de seguida.

2.10.1 Ataques DoS

No DoS, o agressor tenta tornar um recurso ou uma caraterística do sistema inutilizável para os utilizadores apropriados, tornando-o demasiado ocupado com falsos pedidos. Existem diferentes tipos de ataques de rejeição de serviço DoS. Alguns ataques tentam utilizar bugs no software de rede e na pilha de protocolos, enviando pacotes mal formados. Outros enviam pedidos de som a um ritmo muito rápido, de modo a que a máquina vítima não os consiga suportar. O acesso remoto é normalmente suficiente para efetuar ataques DoS. Exemplos de ataques DoS são back, ping of death, smurf, neptune, teardrop, etc.

2.10.2 Sonda

As sondas não causam qualquer rutura por si só, mas fornecem informações valiosas que podem ser utilizadas mais tarde para iniciar um ataque. O acesso remoto é suficiente para investigar. O atacante tenta procurar endereços IP reais, serviços em execução em cada máquina ou aberturas conhecidas para ataques. Exemplos de sondas e ferramentas de sondagem são o ipsweep, o mscan, o nmap, o saint, o satan, etc.

2.10.3 Utilizador para Root

Num ataque U2R, o atacante tem acesso local a um sistema e, utilizando uma vulnerabilidade, obtém privilégios de superutilizador nesse sistema. A vulnerabilidade mais comum é a vulnerabilidade de transbordamento do buffer. Outras vulnerabilidades, como erros na gestão de ficheiros temporários e condições de corrida, também são utilizadas nestes ataques. Exemplos desta classe são o eject, loadmodule, anyupw, casesen, yaga, etc.

2.11 Caraterísticas

As caraterísticas utilizadas na avaliação podem ser separadas em quatro classes principais. São elas: geral, baseada no tempo, baseada no anfitrião e baseada no conteúdo. A categoria comum contém caraterísticas como protocolo, serviço, número de bytes de origem, etc. As caraterísticas baseadas no tempo são caraterísticas derivadas que são obtidas considerando as ligações numa janela de tempo de dois segundos. Os atributos baseados no anfitrião são extraídos considerando as últimas 100 ligações ao mesmo anfitrião. As caraterísticas baseadas no conteúdo são extraídas do segmento de dados do pacote e da análise necessária dos protocolos da camada de aplicação.

2.11.1 Caraterísticas gerais

Duração: Duração da relação em número de instantes.

Protocolo: O protocolo da camada de transporte do pacote, como o Transmission Control Protocol, o User Datagram Protocol, etc.

Serviço: Este serviço no destino, como FTP, Hyper Text Transport Protocol, etc. Esta informação pode ser obtida a partir do número da porta de destino, por exemplo, FTP, Hyper Text Transport Protocol, etc.

Bytes de origem: Quantidade de bytes de dados da base para o destino.

Bytes de destino: Quantidade de bytes de dados da base para o destino.

Bandeira: Posição da ligação. Esta caraterística indica se a ligação está meio fechada, totalmente fechada e se existem erros na ligação.

Terra: Este valor é 1 se o endereço ou número de porta do Protocolo Internet de origem for igual ao endereço ou número de porta do Protocolo Internet de destino. Caso contrário, é 0.

Fragmento errado: Número de fragmentos errados. Um fragmento errado é um fragmento IP cujo comprimento não é múltiplo de 8.

Urgente: Quantidade de pacotes em que o sinalizador crítico está definido.

2.11.2 Caraterísticas baseadas no conteúdo

Quente: Quantidade de indicadores quentes, como a admissão nos índices do sistema, a formação e a execução de planos, etc.

Número de logins falhados: Quantidade de tentativas de login sem sucesso.

Registado: Se o login 1 estiver a funcionar bem, 0 se não estiver.

Número de condições comprometidas: Cálculo do erro "file lane not establish".

Casca de raiz: 1 se a casca de origem for atingida; 0 se não for.

Su esforço: 1 se o acesso à origem for esforço; 0 se não for.

Número de raiz: Quantidade de comandos digitados como origem.

Número de criações de ficheiros: Quantidade de processos de formação de ficheiros. Numero de cascas: Quantidade de casos pontuais.

Número de ficheiros de acesso: A quantidade de acções sobre o contacto gere ficheiros.

Número de comandos de saída: Quantidade de instruções de saída numa sessão do Protocolo de Transferência de Ficheiros.

É um login "quente": 1 se o início de sessão se enquadra na lista "quente"; 0 se não.

É um início de sessão de convidado: 1 se o início de sessão for um início de sessão de convidado; 0 se não for.

2.11.3 Caraterísticas baseadas no tempo

Algumas das funcionalidades desta e da próxima categoria utilizam o conceito de erro SYN e erro REJ. Diz-se que uma ligação que tem menos de dois pacotes SYN tem um erro SYN. Uma ligação que é rejeitada pela definição da bandeira RST é considerada um erro REJ. Todas estas caraterísticas são extraídas considerando as ligações num painel de dois tempos subsequentes.

Contagem: Quantidade de ligações para o anfitrião semelhante à relação atual.

Taxa de erros: Percentagem de ligações que têm erros SYN.

Taxa de erro: Percentagem de ligações que têm erros REJ.

Taxa do mesmo serviço: Percentagem de ligações para o serviço semelhante.

Taxa de serviços diferentes: Percentagem de ligações a serviços que não o serviço atual.

Srv count: Número de ligações ao serviço semelhante ao da ligação atual.

Srv serror rate: Percentagem de ligações a um serviço semelhante ao atual com erros SYN.

Srv rerror rate: Percentagem de ligações para o mesmo serviço que o atual com erros REJ.

Taxa de anfitrião Srv diff: Percentagem de ligações a anfitriões que não o anfitrião atual.

2.11.4 Caraterísticas baseadas no anfitrião

As caraterísticas desta secção são extraídas considerando as 100 ligações anteriores para o anfitrião semelhante ao anfitrião atual.

Contagem de anfitriões Dst: calcula as ligações que têm o anfitrião final semelhante ao atual.

Contagem do srv do anfitrião de origem: Calcular as ligações que têm um anfitrião final semelhante e o mesmo serviço que o atual.

Taxa do mesmo srv do anfitrião de origem: Percentagem de ligações com o mesmo anfitrião final e que utilizam o mesmo serviço.

Taxa de dif srv do anfitrião de origem: Percentagem de ligações ao mesmo anfitrião que o existente e que se destinam a verificações diferentes da atual.

Taxa da mesma porta de origem do host Dst: Percentagem de ligações para o anfitrião atual com a mesma porta de origem.

Dst host srv diff host rate: Percentagem de ligações ao serviço semelhante ao atual, mas provenientes de outros anfitriões que não o atual.

Taxa de erro do host Dst: Percentagem de ligações ao anfitrião atual que têm um erro SYN.

Taxa de erro do srv do host de origem: Percentagem de ligações ao anfitrião atual e ao serviço atual que têm um erro SYN.

Taxa de erro do host Dst: Percentagem de ligações para o anfitrião atual que têm um erro REJ.

Taxa de erro srv do anfitrião de origem: Percentagem de ligações ao anfitrião atual e à verificação atual que têm um erro REJ.

2.12 Árvores de decisão

Na extração de dados, os formulários de iniciação D.T. são uma das classificações dos algoritmos. Para criar uma réplica a partir do conjunto de dados pré-classificados, a classificação do algoritmo é aprendida de forma indutiva. Os valores dos atributos são definidos por cada item de dados. A categorização pode ser considerada como um planeamento a partir de um conjunto de caraterísticas aplicáveis a uma classe exacta. Utilizando os valores dos atributos, o D.T classifica cada ponto de dados. No início, o D.T. é construído a partir de um conjunto de dados pré-classificados. O método principal é a seleção das qualidades que dividem da melhor forma as entradas dos dados nos seus módulos. Os itens de dados são separados com base nos valores destes atributos. Para ambas as separações das entradas de dados, este método é aplicável de forma determinada. Quando todos os itens de dados na separação existente pertencem a uma classe semelhante, este método termina. A partição de um dado é evidenciada por um nó de um D.T. Uma aresta que cada nó possui é classificada, dependendo da carga provável da qualidade contida no nó pai. O número de dois nós, ou um único nó e uma folha estão relacionados por uma aresta. Para categorizar os dados, as folhas são classificadas em função do valor de decisão. Os dados de formação descritos em função dos termos dos atributos são utilizados na introdução da árvore de decisão. Para classificar uma entidade não identificada, é necessário começar na origem da árvore de decisão e adotar o caminho sugerido pelo resultado de cada teste até se chegar a um nó folha. O nome da classe no nó da folha é a categorização resultante. A instalação da árvore de decisão foi efectuada com vários algoritmos, entre os quais o ID3, que foi posteriormente alargado ao C4.5 e ao CART, que é a árvore de decisão de outro algoritmo. O algoritmo C4.5 D.T é de particular interesse para este trabalho. Através da determinação de uma árvore de decisão, o C4.5 afasta-se do ajuste dos dados. Deste modo, gere os atributos contínuos e escolhe um procedimento de seleção de atributos adequado e gere os dados de treino com valores de atributos em falta, o que permite um desenvolvimento do cálculo.

Utilizando o melhor atributo de um conjunto de entradas de dados, a árvore é construída pelo C4.5 e é utilizada para dividir o item de dados em subconjuntos e, posteriormente, é utilizado um método idêntico para cada subconjunto de forma recursiva. Utilizando a informação obtida a partir dos atributos, é feita a seleção do melhor atributo para separar o subconjunto em cada fase.

2.13 Algoritmos Genéticos - Introdução

"Os métodos de I.A. melhoraram as frases de relevância na maioria dos domínios em comum e a região do plano de sistemas desenvolvidos e a preparação de processos em exatidão" [65].

A I.A. foi descrita por McCarthy [66] como um domínio auxiliar da disciplina informática que combina o intelecto orgânico e o intelecto informático. Rich e Knight [67] definiram a IA como o estudo da utilização de computadores para melhorar os objectos que atualmente são manipulados pelas pessoas. Um significado mais completo de IA foi apresentado por Souri [68]. De acordo com esta definição, é a capacidade de uma ferramenta ou aparelho para realizar objectivos que estão normalmente ligados às aptidões dos seres humanos.

Os ESs, FL, ANN, Sistemas Híbridos e G.ASs são os diferentes ramos da I.A. Como o GA tem sido utilizado de forma mais recorrente ao longo deste estudo, foi adicionalmente complicado em pormenor, como se mostra a seguir.

2.14 Algoritmo genético

Os Algoritmos Genéticos são um elemento de cálculo de desenvolvimento gradual, que é uma área de I.A. em rápido crescimento. Como se pode supor, a premissa de crescimento de Darwin foi a inspiração para os AG. De uma forma simples, os problemas são resolvidos por um método de desenvolvimento gradual que obtém uma resolução de topo (mais apto) (sobrevivente) - em declarações adicionais, o resultado é desenvolvido gradualmente.

Rechenberg [69] apresentou esta computação evolutiva na década de 1960 no seu trabalho como "Planos de desenvolvimento". O seu plano foi levado mais longe e desenvolvido por outros investigadores. A G.A. foi desenvolvida por John Holland e os seus académicos e associados. Isto deu origem ao livro de Holland intitulado "Adoção em Sistemas Naturais e Artificiais", publicado em 1975.

A evolução de programas para a realização de determinadas tarefas com a utilização de AG foi proposta por John Koza em 1992 [70]. Este método foi designado por ele como "Programação Genética" (PG).

2.15 Antecedentes genéticos

2.15.1 Cromossoma

Todos os seres vivos são constituídos por unidades. Em cada célula encontramos o mesmo conjunto de cromossomas. Os cromossomas são séries de ADN e servem de réplica para o ser total. Um cromossoma é constituído por genes, blocos de ADN. Cada gene codifica uma proteína exacta. Basicamente, pode supor-se que cada gene codifica uma caraterística, por exemplo, a cor dos olhos. As formalidades prováveis para uma caraterística são chamadas alelos. Cada gene tem o seu próprio lugar no cromossoma, a que se chama locus. O conjunto total de substâncias inerentes é denominado genoma. O conjunto exato de genes no genoma é designado por genótipo. O genótipo, combinado com o crescimento posterior após o nascimento, constitui a base do fenótipo do organismo, com as suas caraterísticas físicas e mentais, como a cor dos olhos, a aptidão, etc.

2.15.2 Reprodução

A recombinação ocorre no momento da reprodução e a recombinação (ou cruzamento) ocorre pela primeira vez. Um novo cromossoma inteiro é formado pela assimilação dos genes dos pais. A mutação pode então ser efectuada na nova descendência criada. A alteração dos elementos do ADN é conhecida como mutação. Os lapsos na cópia dos genes dos pais provocam as principais alterações. A aptidão de um organismo avalia a sua sobrevivência.

2.15.3 Algoritmo genético

A teoria do desenvolvimento de Darwin serviu de inspiração para os G.A. Os G.A. utilizam procedimentos evolutivos (evoluem) para encontrar uma solução para um problema já resolvido. A população conhecida como um conjunto de soluções começa com um conjunto de G.A. Para formar uma nova população, as soluções são obtidas a partir de um habitante. Para formar uma nova população, obtêm-se soluções a partir de um habitante. Isto é feito porque se espera que os novos habitantes sejam melhores do que os anteriores. Os resultados que são então selecionados para formar novos resultados são escolhidos com base na sua aptidão - o facto de serem mais aptos é que têm melhores oportunidades de reprodução. Até que uma determinada condição seja cumprida, este processo repete-se.

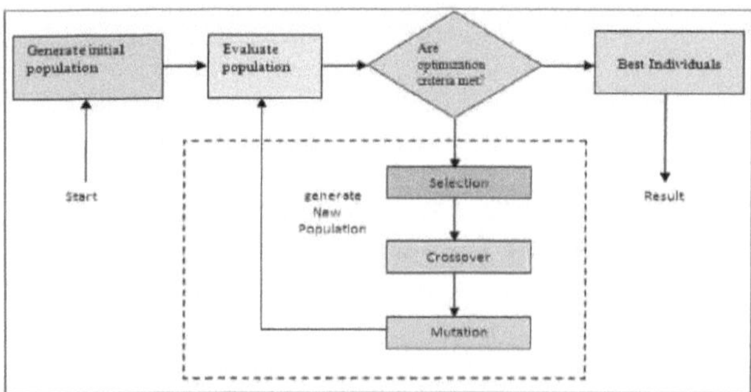

Figura 2.5: Estrutura da G.A. simples [71]

Segue-se um esboço da G.A. fundamental

1. **[Iniciar]** produzir habitantes arbitrários de n cromossomas (soluções apropriadas para o problema).

2. **[Fitness]** Estimar a fitness f(x) de cada cromossoma x nos habitantes.

3. **[Nova população]** gera um novo habitante repetindo os passos subsequentes até que o novo habitante esteja completo.

1. **[Seleção]** seleciona dois cromossomas pais de um habitante de acordo com a sua aptidão (quanto melhor a aptidão, maior a probabilidade de ser selecionado).

2. **[Crossover]** com uma perspetiva de crossover, ocorre um cruzamento nos pais para formar novos descendentes (filhos). Se não for efectuado qualquer cruzamento, a descendência é a cópia exacta dos pais.

3. **[Mutação]** com probabilidade de mutação, ocorre a mutação de uma nova descendência em cada locus (posição no cromossoma).

4. [Coloca a nova descendência na população oval.

4. **[Substituir]** utiliza os novos habitantes produzidos para um sprint adicional do algoritmo.

5. **[Teste]** se o estado de conclusão for cumprido, pára e devolve a resposta de topo no habitante atual.

6. **[Loop]** Caso contrário, ir para o passo 2.

Existem muitos limites e locais que podem ser utilizados numa variedade de dificuldades de diferentes formas. A primeira questão que se coloca é a de saber como gerar cromossomas e qual a forma de codificação a escolher. É então que se aborda a questão do cruzamento e da mutação, os dois operadores essenciais da G.A. A seguir são introduzidos a codificação, o cruzamento e a mutação. A questão a ser considerada a seguir é a seleção dos pais para o cruzamento. Há muitas formas de o fazer, mas a principal é a seleção de progenitores melhorados, na expetativa de que os progenitores melhorados produzam descendentes melhorados.

Pode pensar-se que reproduzir populações a partir de apenas dois progenitores pode resultar na perda do cromossoma superior da população final. Isto é verdade, e por isso a parte de seleção é frequentemente utilizada. Isto diz-nos que pelo menos uma das soluções de topo das criações é copiada sem incorporar quaisquer modificações para uma nova população, pelo que a chave de topo pode sobreviver à seguinte.

2.16 Operadores de G.A

Pode ver-se, a partir do resumo da G.A., que o cruzamento e a mutação são os elementos mais significativos da G.A. Estes dois operadores controlam principalmente o desempenho do modelo. Antes de utilizar os dois operadores, o cromossoma deve ser codificado.

2.16.1 Codificação de um cromossoma

A forma de codificação mais utilizada é uma cadeia binária. Nesse caso, um cromossoma apareceria como indicado abaixo.

Cromossoma 1 1010011000100111

Cromossoma 2 1001100011111011

Todos os cromossomas representam uma cadeia binária. Cada bit da cadeia significaria um certo número de caraterísticas da chave. Naturalmente, existem vários hábitos adicionais de codificação. A codificação depende essencialmente de uma dificuldade que é resolvida. A título de exemplo, é possível codificar diretamente números inteiros ou reais; por vezes, é útil codificar uma série de alterações, etc.

2.16.2 Crossover

O cruzamento funciona sobre os genes selecionados dos cromossomas do progenitor e gera uma nova descendência. A forma mais simples de o fazer consiste em selecionar arbitrariamente um número de pontos de cruzamento e reproduzir tudo o que se encontra antes desse ponto a partir do progenitor principal e, posteriormente, reproduzir tudo o que se encontra a seguir à posição de cruzamento a partir do progenitor adicional. O cruzamento pode ser explicado da seguinte forma. Onde "|" é o ponto de cruzamento.

Cromossoma 1 10100 | 11000100111

Cromossoma 2 10100 | 00011111011

Descendência 110100 | 00011111011

Descendência 210100 | 11000100111

Para a criação de um cruzamento existem formas diferentes, por exemplo, podemos selecionar pontos de cruzamento adicionais. O cruzamento pode ser bastante complexo e depende principalmente da codificação dos cromossomas. Um cruzamento preciso feito para uma dificuldade exacta pode melhorar o desempenho do algoritmo genético.

2.16.3 Mutação

Após o cruzamento ser efectuado, ocorre a mutação. A mutação tem como objetivo evitar a redução de todas as chaves da população para a chave escolhida localmente com a dificuldade resolvida. O processo de mutação modifica arbitrariamente a descendência resultante do cruzamento. No que diz respeito à codificação binária, podemos controlar alguns bits selecionados arbitrariamente de 1 para 0 ou de 0 para 1. A mutação pode então ser explicada da seguinte forma:

Descendência original 1 1010000011111011

Descendência original 2 1010011000100111

Descendência mutante 1 1011000011111011

Descendência mutante 2 1010001000100111

Tal como o crossover, o método de mutação depende principalmente da codificação dos cromossomas. Por exemplo, as permutações são codificadas, a mutação pode ser efectuada como uma troca de dois genes.

2.17 Limitações do Algoritmo Genético

As limitações fundamentais do Algoritmo Genético são a possibilidade de cruzamento, a possibilidade de mutação e a quantidade de população.

2.17.1 Possibilidade de cruzamento

Com que frequência pode ser efectuado o cruzamento? Se não houver cruzamento, os descendentes serão cópias exactas dos pais. No caso de um cruzamento, a descendência é feita a partir de elementos dos cromossomas de ambos os pais. Se a possibilidade de cruzamento for de cem por cento, então todos os descendentes são feitos por cruzamento. Se a percentagem for zero, uma criação inteiramente nova é feita a partir de réplicas precisas de cromossomas de antigos habitantes.

O cruzamento é efectuado com a expetativa de que os novos cromossomas incluam boas partes dos cromossomas antigos e que, com isso, os novos cromossomas sejam melhorados. No entanto, é melhor ver que alguns elementos dos antigos habitantes sobrevivem para a criação subsequente.

2.17.2 Possibilidade de mutação

Com que frequência os componentes dos cromossomas podem ser alterados? Se não houver qualquer alteração, a descendência que surge imediatamente após o cruzamento será desprovida de qualquer modificação. Se a mutação for executada, uma ou mais divisões de um cromossoma serão contaminadas. Se a possibilidade de mutação for de cem por cento, todo o cromossoma será alterado; se for de zero por cento, não haverá qualquer alteração.

A queda dos algoritmos genéticos em extremos locais é geralmente evitada pela mutação. A mutação não deve ocorrer com muita frequência, pois nesse caso o Algoritmo Genético mudará em pormenor para uma exploração arbitrária.

2.17.3 Área da população

Como se encontram os vários cromossomas nos habitantes? Se houver um número limitado de cromossomas, o Algoritmo Genético tem um número reduzido de cromossomas e menos hipóteses de efetuar cruzamentos e apenas um pequeno elemento da lacuna de pesquisa é examinado minuciosamente. Se houver muitos cromossomas, o algoritmo genético abrandará. O estudo atesta que, após alguns limites, não é aconselhável utilizar populações extremamente grandes, pois não resolve a dificuldade mais rapidamente quando comparado com populações de tamanho razoável.

2.17.4 Seleção da população

Os cromossomas são escolhidos da população para que possam existir pais para o cruzamento. A seleção dos cromossomas acaba por ser um problema. A teoria do desenvolvimento de Darwin afirma que os maiores sobrevivem para gerar novos descendentes. Existem várias formas de escolher os maiores cromossomas. A seleção por roleta, a seleção por ordem, a seleção em estado estacionário e outras podem servir de exemplo.

2.17.5 Seleção da roda da roleta

A seleção dos progenitores baseia-se na sua aptidão. Quanto melhores forem os cromossomas, maiores serão as probabilidades de seleção. Podemos citar uma roleta onde estarão localizados todos os cromossomas dos habitantes. A quantidade de peças na roleta será relativa à taxa da função de aptidão de cada cromossoma - quanto maior for a taxa, melhor será a secção.

Se atirarmos o berlinde para a roleta e o cromossoma onde este parar é selecionado. Assim, é evidente que os cromossomas com melhor índice de aptidão serão eleitos várias vezes.

2.17.6 Seleção da classificação

Quando ocorrem grandes diferenças entre os valores de aptidão, o método de seleção anterior terá complicações. Por exemplo, se a aptidão do cromossoma de topo for noventa por cento do valor de todas as aptidões, então os outros cromossomas terão menos probabilidades de serem preferidos.

A seleção por classificação ocupa o primeiro lugar na população e depois cada cromossoma recebe a taxa de aptidão decidida por esta classificação. O pior terá a aptidão 1, o pior seguinte 2, etc. e o melhor terá a aptidão N. Neste momento, todos os cromossomas têm a possibilidade de serem preferidos. Embora nesta técnica exista a possibilidade de serem preferidos. No entanto, nesta técnica existe a possibilidade de uma junção mais lenta, porque os cromossomas mais finos não variam tanto em relação aos seguintes.

2.17.7 Seleção em estado estacionário

Não se trata de um processo especial de seleção de pais. O principal objetivo deste tipo de seleção da nova população é que uma maior fração de cromossomas tenha a possibilidade de sobreviver à geração seguinte. A seleção em estado estacionário G.A funciona na técnica subsequente. Em cada criação, um pequeno número de cromossomas excelentes é escolhido para gerar uma nova descendência. Nessa fase, um número de cromossomas maus é eliminado e a nova descendência é colocada no seu lugar. Os restantes habitantes permanecem na nova criação.

2.17.8 Elitismo

Ao gerar uma nova população por cruzamento e mutação, existe a possibilidade de perdermos o maior cromossoma. Elitismo é o nome do procedimento que reproduz primariamente o melhor para a nova população. O elitismo pode aumentar muito rapidamente a apresentação de G.A; porque evita uma derrota do melhor resultado de criação.

A figura seguinte, retirada da Fig [2.5], mostra a estrutura de um G.A. simples. Começa com uma geração aleatória da população inicial, depois avalia e evolui através da seleção, recombinação e mutação. Em última análise, o melhor indivíduo (cromossoma) é selecionado como resultado final quando a otimização atinge o seu objetivo [71].

Muitos autores e investigadores estão muito inclinados para os Algoritmos Genéticos, considerando-os como um método forte e eficiente utilizado em diferentes domínios da Inteligência Artificial, afirmando que várias técnicas de I.A. podem ser misturadas de diferentes formas em diferentes sistemas para diversos fins.

2.18 Resumo

A deteção de intrusões tem mais potencial para identificar os problemas enfrentados na rede. A tese apoia as funcionalidades da pista e contribui para a segurança da rede. Numa área de investigação altamente competitiva, o sistema de deteção de intrusões ultrapassará a maioria dos obstáculos e limitações actuais. É mais importante reconhecer os métodos defensivos e ofensivos da rede. A geração de caraterísticas e a avaliação dos ataques podem ser estimadas com um cenário de deteção de ataques. Esta informação é útil para que a comunidade de segurança se torne mais pró-ativa.

O conjunto de dados KDDCup99 tem a força necessária para fornecer um modelo para os ataques encontrados no tráfego da rede. Dado que o mundo está cada vez mais interessado na segurança das redes, a avaliação do AFRL e do MIT Lincoln Laboratory fornece várias ferramentas de segurança. O sistema que foi avaliado no conjunto de dados KDDCup99 não pode fazer mais nenhuma reivindicação em termos de desempenho. Assim, este conjunto de dados pode ser medido como a linha de partida de qualquer exploração.

Neste capítulo, é abordada a visão geral do sistema de deteção de intrusões (IDS), as técnicas de processamento de dados, as árvores de decisão (algoritmo C4.5) e o processo do algoritmo genético, ou seja, as operações de seleção, cruzamento e mutação e outras funções.

3. Desenvolvimento de um sistema de deteção de intrusão utilizando o algoritmo de árvore de decisão baseado em regras (C4.5)

3.1 INTRODUÇÃO

Esta secção confere a apresentação melhorada do IDS através do algoritmo C4.5 baseado em regras. A árvore de decisão é criada por uma abordagem C4.5 melhorada, utilizando os valores de entropia, derrame e ganho. Posteriormente, as regras da árvore de decisão são executadas e geradas pelo C4.5. Estas regras são comparadas com a ligação anómala para detetar os ataques.

No que respeita ao desempenho do IDS melhorado, o desempenho total do IDS C4.5 melhorado utilizando o C4.5 baseado em regras indica um aumento global do desempenho. Para efeitos de ilustração, foi utilizado um conjunto de dados, nomeadamente o conjunto de dados KDDCup99. O C4.5 melhorado mostra uma apresentação amplamente melhorada em relação à apresentação do C4.5 existente.

A secção é preparada da seguinte forma. As secções 3.2 a 3.6 abordam as árvores de decisão, as caraterísticas do algoritmo C4.5, a seleção de atributos e o algoritmo existente Ganho de informação A secção 3.7 explica a melhoria proposta: Critério do rácio de ganho. A secção 3.8 descreve a árvore de decisão como o sistema de deteção de intrusões proposto. Esta secção também mostra e argumenta o resultado da construção futura. Na secção 3.10, é feita a conclusão da secção.

3.2 Árvore de decisão

O modelo de árvore de decisão pode ser constituído por uma série de regras para segregar um grande número de diferentes tipos de população em grupos de descendência mais pequenos e semelhantes, com objectivos específicos e variados. Uma árvore de decisão pode ser construída à mão, de forma cautelosa, segundo o método de Linnaeus e das gerações de cientistas que classificaram as espécies seguindo os princípios de Linnaeus, ou pode evoluir de forma repetida através da aplicação de um grande número de algoritmos de árvores de decisão a um determinado conjunto de modelos constituídos por factos dados que foram categorizados anteriormente.

O objetivo suscetível de diferir é carateristicamente sem condições e o modelo da árvore de decisão é utilizado quer para calcular a probabilidade de um determinado registo pertencer a cada uma das classificações, quer para classificar o registo, aduzindo-o à classe mais provável. As árvores de decisão também podem ser utilizadas para avaliar o valor de uma variável recorrente, apesar de outros procedimentos mais adequados ao trabalho em causa.

Uma vez que a árvore de decisão junta a análise dos dados e a modelação, uma árvore de decisão é extremamente útil para o passo inicial no método de modelação, apesar de ser posicionada como o modelo final para algumas outras técnicas, uma vez que combina a análise dos dados e a modelação, Badriyah. T. categorizou o valor com a ajuda da árvore de decisão para a qual foi utilizado o algoritmo ID3. A utilidade derivada da investigação de Badriyah tem sido utilizada com sucesso para a construção de uma árvore de decisão e, mais frequentemente, para resolver problemas no sistema de apoio à decisão [72].

O algoritmo C4.5 é, de facto, um prolongamento do algoritmo ID3 de Quintan ou das árvores de decisão evolutivas [73]. Cada nó de decisão é visitado de forma determinada pelo algoritmo CART e C4.5, que escolhe a melhor divisão e garante que não ocorram mais divisões. No entanto, no que respeita ao CART e ao C4.5, existem diferenças notáveis [74].

- Contrariamente ao CART, o algoritmo C4.5 não está vocacionado para os rasgos binários. Enquanto o CART assegura para sempre um B.T, o C4.5 dá origem a uma árvore de forma ainda mais variável. A falha do C4.5 gera uma divisão dividida para os dois custos da qualidade positiva.

- O resultado deste processo pode ser mais "bushiness" do que o escolhido, uma vez que vários ideais podem conter baixa ocorrência ou podem estar corretamente ligados a outros ideais logicamente ligados a outros ideais.

- A técnica C4.5 para avaliar a homogeneidade dos nós é bastante diferente da técnica CART e é estudada no aspeto seguinte.

3.3 Atributos do algoritmo C4.5

Existem muitos atributos do C4.5 e algumas das caraterísticas do algoritmo C4.5 são apresentadas de seguida.

3.3.1 Classificação dos atributos contínuos

As versões anteriores dos algoritmos de árvores de decisão eram incapazes de lidar com atributos incessantes. Uma das condições prévias para a árvore de decisão era o facto de um atributo ter de ter um valor absoluto. Uma forma diferente é que os nós de escolha da árvore também devem ser absolutos. A árvore de decisão do algoritmo C4.5 esclarece este problema dividindo o valor do atributo incessante num conjunto separado de períodos, o que é amplamente reconhecido como "discretização". Por exemplo, se uma qualidade incessante C for classificada pelo algoritmo C4.5, este algoritmo gera uma nova qualidade booleana de Cb, de modo a que seja verdadeira se $C<b$ e falsa caso contrário. Em seguida, escolhe as taxas desejando a borda superior apropriada.

3.3.2 Tratamento de valores em falta

Outro atributo do C4.5 é o tratamento dos valores em falta. Existem vários hábitos para lidar com as qualidades em falta. Alguns deles são a troca de casos, a troca de médias, a atribuição de um convés quente, a atribuição de um convés frio e a imputação de um vizinho adjacente. No entanto, o C4.5 utiliza a probabilidade de ocorrência de valores omitidos, em vez de apresentar as taxas gerais dessa qualidade que podem ser obtidas em quase todos os casos. Estas taxas de probabilidade de ocorrência destinam-se a partir das frequências experimentais nesse caso. Por exemplo, seja A uma caraterística booleana. Se esta caraterística tiver seis taxas com A=1 e quatro com A=0, então, de acordo com a teoria das perspectivas, a perspetiva de A=1 é 0,6 e a probabilidade de A=0 é 0,4. Neste ponto, o exemplo é separado em duas partes: a parte 0,6 dos exemplos é distribuída no ramo para A=1 e a fração 0,4 remanescente é dispersa no ramo adicional da árvore. Uma vez que o conjunto de dados C4.5 é dividido para treino e teste, a técnica acima descrita é prática em todos os conjuntos de dados. Em resumo, podemos dizer que o C4.5 utiliza a categorização mais provável que é dividida pela soma dos pesos da ocorrência dos atributos.

3.4 Algoritmo C4.5

Algoritmo: Produz um D.T a partir dos dados de treino especificados.

Entrada: Amostras de treino, significadas por caraterísticas distintas / incessantes; o conjunto de caraterísticas candidatas, lista de caraterísticas.

Saída: A D.T

Método:

1) Gerar um nó N

2) Se os modelos forem todos da mesma classe, C, então

3) Devolver N como um nó folha marcado com a classe C

4) Se feature -list isblank então

5) Devolver N como um nó folha etiquetado com a classe geral maioritária nos modelos; (votação por maioria)

6) Escolher o atributo-teste, a caraterística da lista de atributos com o rácio I.G (ganho de informação) máximo

7) Rotular o nó N com o atributo test-

8) Para cada valor identificado ai é um atributo de teste

9) Produzir uma divisão do nó N para a condição atributo de teste = ai

10) Seja si o conjunto de amostras em amostras para as quais o atributo de ensaio = ai

11) Se si estiver vazio, então

12) Anexar uma folha rotulada com a classe mais comum nas amostras

13) Caso contrário, anexar o nó devolvido por Generate_ D.T (si, lista de atributos).

3.4 .1 Seleção de caraterísticas

As vantagens relativas à informação determinada no passo (2) do algoritmo C4.5 aumentado são utilizadas para escolher as caraterísticas de teste em cada nó da árvore. Esta escolha é designada por avaliação da caraterística de seleção ou quantificação da bondade da divisão. A caraterística do I.G. máximo é selecionada como a caraterística de teste

caraterística para o nó atual. Esta caraterística fornece as informações necessárias para classificar os modelos nas divisões seguintes. Este método de teoria da informação reduz a probabilidade da quantidade de verificações necessárias para classificar um objeto e assegura a probabilidade de criação de uma árvore simples.

3.4.2 Algoritmo existente

Ganho de informação Tomar S como um grupo de amostras fixas com tabelas adequadas. Suponhamos que existem m classes e que o conjunto de treino contém Si modelos da classe I e que S é o número total de amostras do conjunto de treino. A estimativa aproximada da informação necessária para a categorização de uma determinada amostra é pretendida por:

$$I(S_1,S_2,\ldots\ldots Sm) = - \sum_{m}^{i=1} S_i / S \log_2 S_i \tag{1}$$

Um atributo F com valores $\{f1,f2,\ldots\ldots fv\}$ pode dividir o conjunto de treino em v subconjuntos. Além disso, Sj contém Sij modelos da classe i. A entropia do atributo F é

$$E(F) = \sum_{j=1}^{V} S_{1j} + \ldots\ldots + S_{mj} / S * I(S_{1j},S_{2j},\ldots\ldots S_{mj}) \tag{2}$$

O ganho de informação para F pode ser considerado como:

$$\mathbf{Gain(F) = I(S_1,S_2,\ldots\ldots,S_m) - E(F)} \tag{3}$$

Nesta investigação, o aumento da informação é tido em conta para as etiquetas de categorização, utilizando um binário que distingue cada classe. Isto significa que, para cada categoria, um conjunto de dados é considerado dentro da classe, se contiver uma etiqueta igual fora da classe ou se for de outra etiqueta. Assim, contrariamente à ideia de calcular a informação adquirida como uma norma geral sobre a importância da forma de todas as categorias, o cálculo da informação para todas as classes é efectuado para cada classe. Desta forma, isto mostra até que ponto o elemento pode categorizar uma determinada classe. Desta forma, isto mostra quão bem o elemento pode categorizar uma determinada classe a partir de classes extra.

3.5 Proposta de melhoramento: Quociente de ganho

A ideia de I.G fixada anteriormente é suscetível de suportar atributos com uma enorme quantidade de taxas. Por exemplo, se tivermos um atributo A com uma taxa diferente para cada registo, então Info(A,R) é 0, logo Gain(A,R) é o valor mais elevado. Para contrabalançar esta situação, sugere-se a utilização do seguinte rácio em vez de ganho.

Informação de divisão é a informação resultante da divisão de R com base no princípio do valor da caraterística definida A, que é definida por

$$\textbf{Divide Info(y)} = -\sum_{j=1}^{m} |R_j| / |R| . \log_2 |R_j| / |R| \tag{4}$$

E o Q.G. destina-se então a

$$\textbf{Gain Quotient(A,R) = Gain(A,R)/DivideInfo(A,R)} \tag{5}$$

O Q.G. da vantagem menciona a quantidade de informação útil criada pela fração, ou seja, aquela que parece útil na categorização. Se a divisão for quase insignificante, a informação da divisão será pequena e esta relação será desequilibrada. Para evitar que isso aconteça, o padrão G.Q escolhe um teste para otimizar a relação acima, dependendo do controlo de que o aumento de informação deve ser enorme, pelo menos tão grande como o ganho típico sobre todos os testes inspeccionados.

3.6 Classificação e deteção de anomalias

O abuso da utilização da deteção é efectuado através da aplicação de regras aos T.D (dados de teste). Os T.D são recolhidos a partir do conjunto de dados KDDCup. Os dados de teste são armazenados na base de dados. As regras são aplicadas como uma consulta SQL à base de dados. Estes dados classificados em diferentes categorias de ataque são os seguintes

1) DOS (Negação de serviço) 2) Sonda 3) U2R (Utilizador para raiz) 4) R2L (Raiz para local).

Ao selecionar uma caraterística residual com o lucro máximo de informação como teste para o nó atual, o algoritmo C4.5 constrói um D.T a partir do nó raiz. Neste trabalho, ao selecionar o C4.5 melhorado com uma caraterística residual do rácio I.G máximo como teste para o nó atual, é considerado como uma versão resumida do algoritmo C4.5 que será utilizado para construir os D.Ts para categorização. A partir da tabela 3.3, é evidente que o desempenho do Enhanced C4.5' s excede o desempenho do algoritmo C4.5 clássico. A informação de divisão é a informação resultante da divisão de R com base no princípio do valor da caraterística definida de A, que é distinta por

$$\text{Divide Info}(y) = -\sum_{j=1}^{m} |R_j| / |R|.\log_2 |R_j| / |R| \qquad (4)$$

E o Q.G. destina-se então a

$$\textbf{GainQuotient(A,R) = Gain(A,R)/DivideInfo(A,R)} \qquad (5)$$

O C4.5 melhorado, que indica o rácio de ganho, ou seja, a quantidade de informação útil criada pela divisão, é cooperativo para a categorização. Se a divisão for quase insignificante, a informação da divisão será pequena e esta relação será desequilibrada. Para compensar esta situação, a condição G.Q. escolhe um teste para maximizar o rácio acima referido, com a limitação de que o I.G. deve ser grande, pelo menos tão grande como o ganho padrão em todas as experiências inspeccionadas.

3.7 Modelo D.T as I.D

Em função de alguns dados disponíveis, a deteção de intrusões pode ser designada por deteção de intrusões, em que cada ligação ou cliente é também considerado como uma das categorias de ataques ou como sendo habitual. O problema da classificação da deteção de intrusões pode ser resolvido através de árvores de decisão, porque o modelo é aprendido por estas árvores a partir do conjunto de dados, dando-lhes a capacidade de classificar o novo item de dados num dos conjuntos de dados particularmente mencionados.

Para detetar a utilização indevida de intrusões, podem ser utilizadas árvores de decisão que, em função dos dados de treino, permitem aprender um modelo e prever os dados futuros como um dos tipos de ataque e, com base nos dados normais do modelo aprendido com grandes conjuntos de dados, as árvores de decisão funcionam eficazmente. Dado que nas redes informáticas circulam grandes quantidades de dados, este método é importante. O elevado desempenho das árvores de decisão deve-se à sua capacidade de identificação útil em tempo real. As árvores de decisão constroem réplicas úteis e facilmente interpretáveis para serem inspeccionadas e editadas por um responsável pela segurança e podem também ser utilizadas nos modelos R.B. com o mínimo de dispensa. A generalização da exatidão da escolha é mais uma vantagem funcional para a I.D. Após a construção dos modelos de deteção, existe a probabilidade de vários ataques novos ao sistema, que podem ser designados por ataques diferentes pouco conhecidos. Através da generalização da exatidão das árvores de decisão, há uma probabilidade de decisão destas intrusões.

3.7.1 As regras são criadas mostrando o caminho do nó raiz para o nó folha

Uma das principais dificuldades dos utilizadores do C4.5 é lidar com dados enormes com eficiência computacional, uma vez que é demasiado difícil lidar com ficheiros de dados durante a maior parte do tempo. Quando a dimensionalidade se expande em grande medida durante o processo de geração de regras, temos de adotar atributos importantes para lidar com valores em falta, etc. O C4.5 utiliza o D.T. e requer a reflexão sobre um certo número de questões adicionais, como a profundidade do D.T., o tratamento das caraterísticas incessantes e a técnica de seleção.

3.8 Resultados experimentais e discussão

Esta tabela 3.1 ilustra a taxa de deteção global e a taxa de falsos positivos para o algoritmo C4.5 e o algoritmo C4.5 melhorado. O C4.5 melhorado proporciona maior correção para as categorias DoS, Probe, R2L e U2R em comparação com o algoritmo C4.5.

Tabela 3.1: Taxa de deteção global e taxa de falsos positivos para o algoritmo C4.5 e C4.5 melhorado

Sl. Não	Categoria de ataque	Taxa de deteção (%) (C4.5)	Taxa de deteção (%) (Enhanced C4.5)	Falsos positivos (%) (Enhanced C4.5)
1	DoS	90.6	92.92	0.085
2	Sonda	84.0	88.29	0.152
3	U2R	83.6	84.00	0.220
4	R2L	53.7	66.91	0.398
Taxa média de sucesso		77.975	83.03	0.213

O gráfico da figura 3.1 mostra o desempenho do algoritmo C4.5 e do algoritmo C4.5 melhorado em termos de exatidão para o DoS, R2L, U2R e Probe.

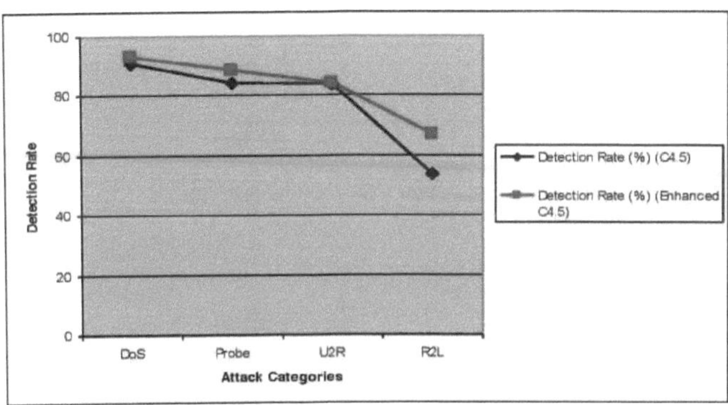

As avaliações indicam que a força e a aptidão do método previsto avançam muito bem com 92,92% de deteção de ataques DoS, 66,91% de deteção de ataques R2L, 84% de deteção de ataques U2R e 88,29% de deteção de ataques Probe com uma taxa global de falsos positivos de 0,213%. A avaliação experimental desta técnica provou a sua utilidade e implicação. O algoritmo resultou em variedades agradáveis de falsos alarmes e verificou-se um desenvolvimento considerável no D.R para todos os tipos de ataques, com um D.R global de 83,03%, o que resulta num conjunto de dados muito grande e em IDSs de ingredientes subóptimos.

Uma das motivações gerais para evitar os IDS na segunda e última fase de proteção é a sua apresentação pouco aceitável. Por conseguinte, melhorar a apresentação do sistema de deteção de intrusões é uma questão importante de investigação. Nesta secção, pretendemos estabelecer que é provável desenvolver a apresentação com IDS utilizando C4.5 melhorado baseado em regras.

3.9 Comparação e discussão de resultados

3.9.1 Comparação dos modelos C4.5 anteriores e C4.5 melhorados

Para avaliar o desempenho do modelo de deteção de intrusões C4.5 melhorado, comparamo-lo com os modelos C4.5 anteriores em termos de D.R e de taxa de falsos positivos e resumimos os resultados na tabela 3.2. O C4.5 melhorado proporciona uma correção melhorada para as categorias DoS, Probe, R2L e U2R, em comparação com a implementação anterior.

Tabela 3.2: Comparações de desempenho do algoritmo C4.5

Sl. Não	Categoria de ataque	Taxa de deteção (%) (Mohammadreza. Ektefa et.al.,)	Taxa de deteção (%) (L Prema Rajeswari)
1	DoS	93.87	94.55
2	Sonda	95.38	88.01

3	U2R	33.33	88.30
4	R2L	16.44	55.80
Taxa média de sucesso		59.755	81.665

Tabela 3.3: Comparações de desempenho geral do C4.5 anterior e do C4.5 melhorado

Sl. Não	Categoria de ataque	Taxa de deteção (%) (Mohamma dreza. Ektefa et.al.,)	Taxa de deteção (%) (L Prema Rajeswari)	Taxa de deteção (%) (Enhance d C4.5)	Falsos positivos (%) (C4.5 melhorado)
1	DoS	93.87	94.55	92.92	0.085
2	Sonda	95.38	88.01	88.29	0.152
3	U2R	33.33	88.30	84.00	0.220
4	R2L	16.44	55.80	66.91	0.398
Taxa média de sucesso		59.755	81.665	**83.03**	**0.213**

O gráfico da figura 3.2 mostra o desempenho do Preceding C4.5 e do Enhanced C4.5 em termos de precisão para o DoS, R2L, U2R e Probe.

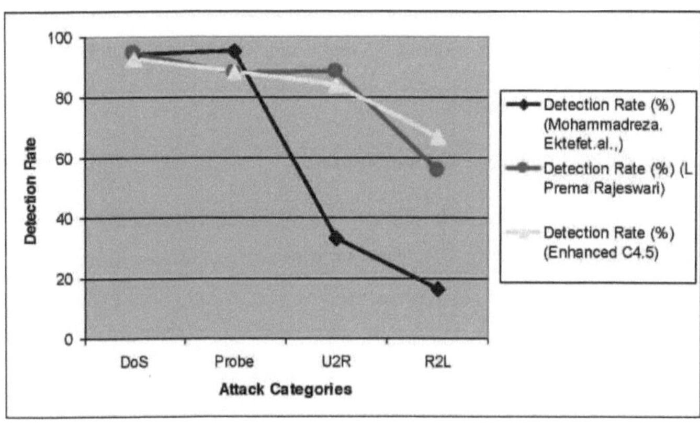

3.10 Capturas de ecrã

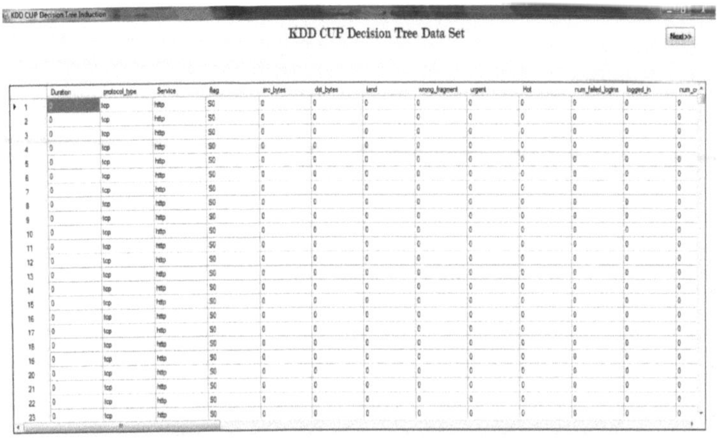

Figura 3.3: Mostra o conjunto de dados de árvores de decisão da Taça KDD

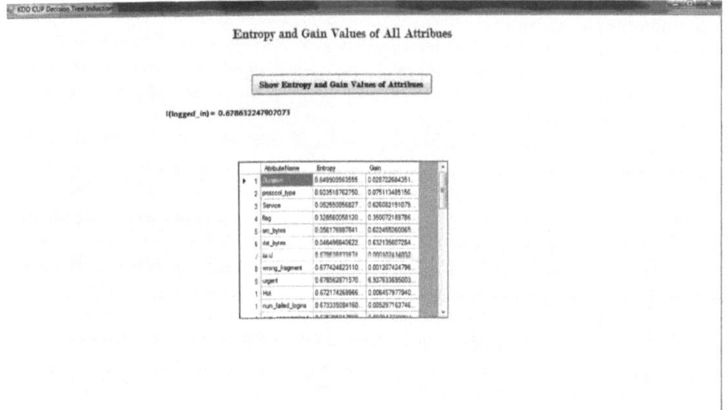

Figura 3.4: Mostra os valores de Entropia e Ganho do Algoritmo C4.5 Existente de todos os Atributos

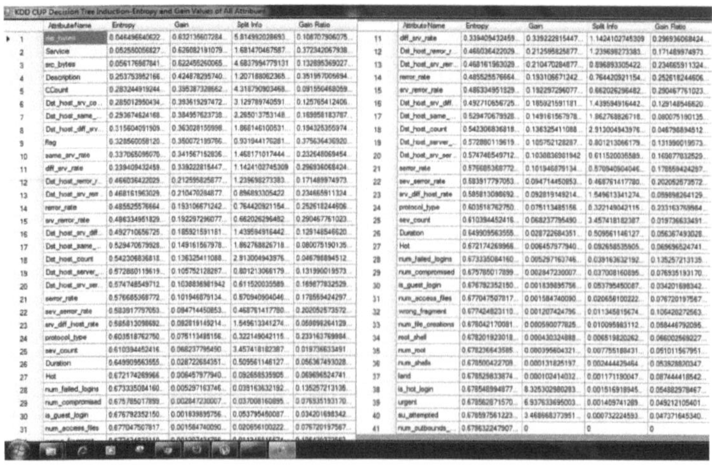

KDD CUP Decision Tree Induction-Entropy and Gain Values of All Attributes

#	AttributeName	Entropy	Gain	Split Info	Gain Ratio
1	[illegible]	0.046496540622	0.632135607284	5.814992028693	0.106707906075
2	Service	0.052550056827	0.626082191079	1.681470467587	0.372342067938
3	src_bytes	0.056176587841	0.622455260065	4.6837994779131	0.132895369027
4	Description	0.253753952166	0.424878295740	1.207188062368	0.351957005694
5	CCount	0.283244919244	0.395387328662	4.318790903468	0.091550468059
6	Dst_host_srv_co..	0.285012950434	0.393619297472	3.129789740591	0.125765412406
7	Dst_host_same_..	0.293674624168	0.384957623738	2.265013753148	0.169958183787
8	Dst_host_diff_srv..	0.315604091909	0.363028155998	1.868146100531	0.194325355974
9	flag	0.328560058120	0.350072199766	0.931944176281	0.375636436920
10	same_srv_rate	0.337065095076	0.341567152836	1.468171017444	0.232648069454
11	diff_srv_rate	0.339409432459	0.339222815447	1.1424102745309	0.296936068424
12	Dst_host_rerror_r..	0.466036422029	0.212595825877	1.239698273383	0.171489974973
13	Dst_host_srv_rer..	0.468161963029	0.210470284877	0.896893305422	0.234665911324
14	rerror_rate	0.485525576664	0.193106671242	0.764420921154	0.252618244606
15	srv_rerror_rate	0.486334951829	0.192297296077	0.662026296482	0.290467761023
16	Dst_host_srv_diff..	0.492710656725	0.185921591181	1.439594916442	0.129148546620
17	Dst_host_same_..	0.529470679928	0.149161567978	1.862768826718	0.080075190135
18	Dst_host_count	0.542306836818	0.136325411088	2.913004943976	0.046798894512
19	Dst_host_server_..	0.572880119619	0.105752128287	0.801213066179	0.131990019573
20	Dst_host_srv_ser..	0.574748549712	0.103883690942	0.611520035589	0.169877832529
21	serror_rate	0.576685368772	0.101946879134	0.570940904046	0.178559424297
22	sev_serror_rate	0.583917797053	0.094714450853	0.468761417780	0.202052573572
23	srv_diff_host_rate	0.585813098692	0.092819149214	1.549613341274	0.059898264129
24	protocol_type	0.603518762750	0.075113485156	0.322149042115	0.233163769984
25	sev_count	0.610394452416	0.068237795490	3.457418182387	0.019736633491
26	Duration	0.649909563555	0.028722684351	0.509561146127	0.056367493028
27	Hot	0.672174269966	0.006457977940	0.092658535905	0.069696524741
28	num_failed_logins	0.673335084160	0.005297163746	0.039163632192	0.135257213135
29	num_compromised	0.675785017899	0.002847230007	0.037008160895	0.076935193170
30	is_guest_login	0.676792352150	0.001839895756	0.053795450087	0.034201698342
31	num_access_files	0.677047507817	0.001584740090	0.020656100222	0.076720197567

#	Attribute Name	Entropy	Gain	Split Info	Gain Ratio
11	diff_srv_rate	0.339409432459	0.339222815447	1.1424102745309	0.296936068424
12	Dst_host_rerror_r..	0.466036422029	0.212595825877	1.239698273383	0.171489974973
13	Dst_host_srv_rer..	0.468161963029	0.210470284877	0.896893305422	0.234665911324
14	rerror_rate	0.485525576664	0.193106671242	0.764420921154	0.252618244606
15	srv_rerror_rate	0.486334951829	0.192297296077	0.662026296482	0.290467761023
16	Dst_host_srv_diff..	0.492710656725	0.185921591181	1.439594916442	0.129148546620
17	Dst_host_same_..	0.529470679928	0.149161567978	1.862768826718	0.080075190135
18	Dst_host_count	0.542306836818	0.136325411088	2.913004943976	0.046798894512
19	Dst_host_server_..	0.572880119619	0.105752128287	0.801213066179	0.131990019573
20	Dst_host_srv_ser..	0.574748549712	0.103883690942	0.611520035589	0.169877832529
21	serror_rate	0.576685368772	0.101946879134	0.570940904046	0.178559424297
22	sev_serror_rate	0.583917797053	0.094714450853	0.468761417780	0.202052573572
23	srv_diff_host_rate	0.585813098692	0.092819149214	1.549613341274	0.059898264129
24	protocol_type	0.603518762750	0.075113485156	0.322149042115	0.233163769984
25	sev_count	0.610394452416	0.068237795490	3.457418182387	0.019736633491
26	Duration	0.649909563555	0.028722684351	0.509561146127	0.056367493028
27	Hot	0.672174269966	0.006457977940	0.092658535905	0.069696524741
28	num_failed_logins	0.673335084160	0.005297163746	0.039163632192	0.135257213135
29	num_compromised	0.675785017899	0.002847230007	0.037008160895	0.076935193170
30	is_guest_login	0.676792352150	0.001839895756	0.053795450087	0.034201698342
31	num_access_files	0.677047507817	0.001584740090	0.020656100222	0.076720197567
32	wrong_fragment	0.677424823110	0.001207424796	0.011345815674	0.106428272563
33	num_file_creations	0.678042170081	0.000590077825	0.010095983112	0.058446792096
34	root_shell	0.678201923018	0.000430324898	0.006519820262	0.066002569227
35	num_root	0.678236643585	0.000395604321	0.007755188431	0.051011567951
36	num_shells	0.678500422709	0.000131825197	0.002444429464	0.053528820347
37	land	0.678529833874	0.000102414032	0.001171190047	0.087444418542
38	is_hot_login	0.678548994877	8.325302980283	0.001516918945	0.054882979467
39	urgent	0.678562871570	6.937633695003	0.001409741289	0.049212105401
40	su_attempted	0.678597561223	3.468668373951	0.000732224593	0.047371645340
41	num_outbounds_..	0.678632247907	0	0	0

Figura 3.5: Mostra os valores da entropia, do ganho, da informação de divisão e do quociente de ganho do algoritmo C4.5 melhorado de todos os atributos

3.11 Resumo

Os sistemas de deteção de intrusões são evitados devido ao seu fraco desempenho. A melhoria do desempenho dos IDS constitui um desafio de investigação. O desempenho global do sistema de deteção de intrusões pode ser melhorado através da utilização de regras e do algoritmo de árvore de decisão C4.5 proposto. Este capítulo inclui a seleção de atributos, o rácio de ganho, a informação de divisão do algoritmo C4.5 proposto e a introdução de novos algoritmos de deteção propostos. A principal melhoria desta arquitetura é a criação de um esquema de utilização do algoritmo C4.5 melhorado e a utilização do algoritmo C4.5 original para a implementação da classificação do comportamento. O sistema foi testado com um conjunto de ataques utilizando o conjunto de dados KDD-99. O teste mostra que este NIDS detecta com sucesso ataques à rede com uma baixa taxa de falsos positivos e tem um bom desempenho na deteção de ataques desconhecidos, especialmente os ataques PROBE, DOS e U2R.

No trabalho futuro, será dada mais atenção aos ataques U2R e R2L. A deteção de ataques U2R e R2L é mais complicada devido à sua grande semelhança com as ligações normais. Podem ser utilizados métodos de deteção mais precisos para os ataques U2R e R2L.

4. Modelação de um sistema de deteção de intrusões utilizando um algoritmo genético baseado em regras

4.1 INTRODUÇÃO

A probabilidade de identificação num ambiente comercial confinado por um sistema de deteção de intrusão é reduzida devido a numerosos problemas. Os sistemas de deteção de intrusões na rede têm de funcionar com base em pacotes de tráfego encriptados, cujo estudo é complexo. O elevado FAR é geralmente mencionado como o principal problema dos IDS. Numerosos instrumentos dos sistemas de identificação são complementares, uma vez que, em diferentes tipos de locais, alguns métodos são mais eficazes do que outros. Os métodos seguidos pelas acções do sistema de deteção de intrusões para identificar as interrupções são principalmente 1. Observar e examinar os movimentos da rede. 2. Descobrir elementos susceptíveis na rede 3. Testar a correção das informações sensíveis e significativas. Se um IDS tiver de verificar todas estas acções, a eficácia do sistema de deteção de intrusões pode revelar-se, em grande medida, desagradável. Se examinarmos a segurança dos sistemas de informação nos dias de hoje, um NIDS seria considerado a melhor opção para defender os mecanismos de ataques DoS, Root to Local, U2R e Probe. Isto mostra que as técnicas de aprendizagem automática (algoritmo genético) disponíveis na literatura demonstram uma grande apetência para descobrir um ataque garantido com maior correção e que nenhuma delas ilustra um excelente D.R. para todos os tipos de ataques ou para cobrir toda a I.D. Uma vez que um método de informação tem de ser isolado de todos os tipos de ataques, é provável que seja realmente necessária uma junção de todos estes processos.

Este capítulo apresenta o IDS baseado no Algoritmo Genético melhorado. Neste IDS, começamos por recolher os dados históricos e depois examinamos a rede para analisar este conjunto de dados e, mais tarde, os resultados são introduzidos no Algoritmo Genético para avaliar a sua aptidão e, posteriormente, o Algoritmo Genético é implementado e o conjunto de regras é criado. Estas leis são testadas nas ligações anómalas para descobrir os ataques. Se o ataque for normal, mostra-se a normalidade; se não for, descobre-se que tipo de ataque é essa ligação específica.

Esta secção está planeada da seguinte forma: A secção 4.2 fala sobre os algoritmos baseados no algoritmo genético. As secções 4.3 a 4.7 explicam o sistema de deteção de intrusões baseado no algoritmo genético. A secção 4.8 descreve o algoritmo de deteção proposto 4.9 e contém os principais avanços nas aplicações de I.D utilizando IDS baseados em G.A. A secção é resumida na secção 4.10.

4.2 IDS baseado em GA

No sistema anterior, a taxa de deteção de ataques e a taxa de falsos alarmes eram baixas. Os parâmetros de qualidade da função de aptidão não podem ser ajustados para detetar eficazmente todos os ataques possíveis e este sistema continua a evitar resultados falsos +ve falsos -ve. O sistema atual foi concebido principalmente para atingir uma taxa de deteção elevada e uma taxa de falsos alarmes baixa. Este sistema contém duas fases: Aprendizagem e deteção. Nesta fase de aprendizagem, analisamos o conjunto de dados KDDCUP. O conjunto de dados KDDCUP contém 41 caraterísticas. Neste trabalho, serão mapeadas 3 caraterísticas para cada tipo de ataque. Durante o mapeamento das caraterísticas para o tipo de ataque, é necessário mapear as caraterísticas para o tipo de ataque de forma a que não haja dois tipos de ataque com as mesmas 3 caraterísticas. Uma vez efectuado este mapeamento, converti os dados totais em formato binário, de modo a obter dados totais num formato genérico. Isto será feito na fase de pré-processamento. Em seguida, utilizando estes dados binários, serão definidas algumas regras através de instruções "se-então". Com estas regras, é possível descobrir a categoria do tipo de ataque. Todo este processo é abrangido pela fase de aprendizagem.

Nesta fase de deteção, serão gerados os melhores valores de aptidão utilizando o novo algoritmo genético. Neste trabalho, foi aplicada uma fórmula matemática a cada uma das caraterísticas individuais mapeadas para esse ataque, a fim de descobrir os melhores valores de aptidão e, em seguida, foi fornecida uma classificação para cada uma das caraterísticas individuais, a fim de obter melhores resultados. Selecionei os melhores 60% da população entre as classificações. Depois disso, apliquei operações de seleção, cobertura cruzada e mutação para descobrir os melhores valores de aptidão. Testei os dados utilizando diferentes técnicas para encontrar os melhores valores de aptidão. Mas obtive resultados ligeiramente melhores quando apliquei a técnica de cruzamento de ponto único para cruzar genes de 13 bits de dois conjuntos binários. Por isso, apliquei a mesma técnica ao processo de mutação para obter melhores resultados. Assim, consegui obter os melhores valores de aptidão seguindo a abordagem acima descrita. Armazenei todos estes dados num conjunto de dados classificados.

Aplicando regras "se-então" a estes dados, descobre-se o tipo de ataque. Se encontrarmos um novo tipo de ataque, emitiremos um alerta de alarme. Neste processo, descobri a taxa de deteção e a taxa de falsos +ve. De acordo com a minha implementação, a taxa de deteção é de 92,5% e a taxa de falsos é de 0,076%. O objetivo do ID é monitorizar automaticamente o comportamento da rede e detetar ataques maliciosos. A utilização de Algoritmos Genéticos em IDSs fornecerá várias regras para uma ligação anómala. Assim, será capaz de detetar várias intrusões. Pretendemos fornecer um avanço para a execução de um NIDS usando AGs, ou seja, para gerar regras automaticamente e também criar novas regras para uma conexão específica. O sistema proposto é fácil e qualitativo devido ao seu processo de conetividade de ligações. Todo o processo, como o pré-processamento, a seleção de caraterísticas, os geradores de regras e outros, será rápido. Apesar de alguns IDS anteriores oferecerem uma melhor arquitetura, o sistema proposto detecta erros em linha e fora de linha sem qualquer interrupção. O sistema atual também apresenta bons parâmetros de função de aptidão, em comparação com alguns dos sistemas anteriores. A maioria dos sistemas disponíveis foi desenvolvida para redes e métodos bem definidos. No entanto, não são adaptados às localizações activas, nem à dificuldade crescente do desempenho dos clientes. O nosso sistema proposto visa ultrapassar estes problemas. Assim, o GA proposto para IDS foi justificado pelo último estado da arte da investigação em IDS. Finalmente, obtivemos melhores resultados quando comparamos o sistema atual com os outros sistemas anteriores na área de IDS. Assim, posso justificar a eficiência e a simplicidade do novo algoritmo.

O sistema de deteção de intrusões por algoritmo genético proposto é ilustrado na figura 4.1, que consiste nas duas fases seguintes.

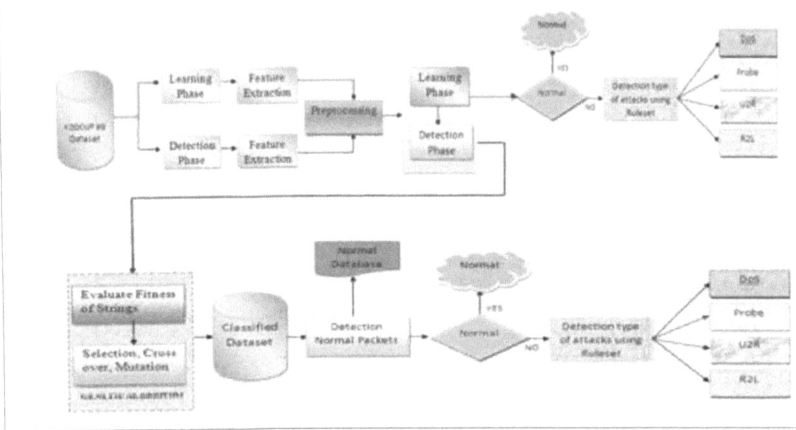

Figura 4.1: Sistema de deteção de intrusão por algoritmo genético proposto

1. **Extração de caraterísticas e fase de pré-processamento:** A conversão das caraterísticas simbólicas em caraterísticas numéricas, a normalização do conjunto de dados e a seleção das caraterísticas mais adequadas podem ser feitas selecionando dois conjuntos de dados de aprendizagem e de teste separados do KDDCUP99.

2. **Fase de aprendizagem e deteção:** Avaliação da nova geração, aplicação de operadores genéticos na nova geração até se chegar ao indivíduo mais adequado. Os indivíduos mais adequados para a fase de aprendizagem e de teste são

Fase de aprendizagem: Utilizando a fase de aprendizagem, foram formados guias IDS baseados em G.A.

Fase de deteção: O desempenho é medido com o conjunto de dados de teste.

4.3 A fase de extração de caraterísticas e pré-processamento

A extração de caraterísticas é necessária porque é muito difícil identificar os ataques à rede devido ao desenvolvimento em tempo real da enorme quantidade de tráfego de rede. Para desenvolver os dados da rede em tempo real, é necessário extrair as caraterísticas mais significativas, de modo a poderem ser utilizadas para identificar com eficácia os ataques à rede. A Figura 4.2 mostra um diagrama da fase de pré-processamento.

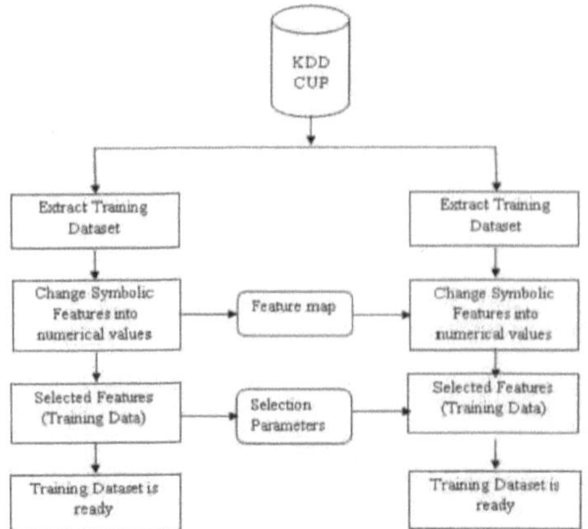

Figura 4.2: Componentes principais da fase de pré-processamento

• **Extração dos conjuntos de dados:** O conjunto completo de dados foi selecionado e utilizado como conjunto de dados de treino e de teste.

• **Conversão de caraterísticas simbólicas em numéricas:** Várias caraterísticas têm uma forma simbólica (por exemplo, tipo de protocolo). Estas caraterísticas foram transformadas em caraterísticas numéricas, atribuindo um número único a cada caraterística. O mapa resultante é utilizado para aplicar a igualdade ao conjunto de dados de teste.

4.4 Seleção de caraterísticas

A escolha de caraterísticas é um problema básico para selecionar as nossas caraterísticas significativas e eliminar as caraterísticas não relacionadas e redundantes de um conjunto de caraterísticas original. Foram utilizados três atributos selecionados de entre 41 para ilustrar cada ligação do conjunto de dados da Knowledge Discovery Database 99CUP. O objetivo foi escolher a quantidade provável de atributos, preservando ao mesmo tempo um elevado D.R de interrupções. Neste método, a descoberta pode ser efectuada de forma simultânea. Os atributos preferidos e as suas iluminações podem ser obtidos nas tabelas 4.1, 4.2, 4.3 e 4.4. Cada caraterística é um gene que representa 1 byte e três genes reunidos formam um cromossoma. As caraterísticas e descrições do conjunto de dados KDD cup encontram-se no apêndice C.

Tipo de ataque	Caraterísticas significativas	Nomes de caraterísticas	Número de genes
smurf	1,2,33	Duração, Tipo_de_protocolo, Taxa_srv_do_hospedeiro_dst	3
neptuno	1,2,25	Duração, Tipo_de_protocolo, Taxa_de_erro,	3
voltar	1,3,24	Duração, Serviço, Srv_count	3
bomba de correio	1,2,33	Duração, tipo_de_protocolo, taxa_srv_do_host_dst	3
cápsula	1,2,3	Duração, tipo de protocolo, serviço	3
apache2	1,5,23	Duração, bytes_de_origem, contagem	3
tempestade de udp	1,2,3	Duração, Tipo de protocolo, Serviço	3
processável	1,2,3	Duração, Tipo de protocolo, Serviço	3

Tabela 4.1: Lista de caraterísticas para as quais o tipo de ataque selecionado é o mais aplicável na categoria DoS

Tipo de ataque	Caraterísticas significativas	Nomes de caraterísticas	Número de genes
estouro de buffer	1,2,33	Duração, Tipo_de_protocolo, Taxa_srv_do_hospedeiro_dst	3
perl	3,10,12	Serviço, Quente, Registado_in	3
httptunel	2,29,33	ProtocolJype, Same_srv_rate, dst host srv count	3
snmpguess	1,2,5	Duração, tipo dc protocolo, bytes de origem	3

Tabela 4.2: Lista de caraterísticas para as quais o tipo de ataque é preferido mais significativo na categoria U2R

Tipo de ataque	Caraterísticas significativas	Nomes de caraterísticas	Número de genes

snmpgetattack	1,23,35	Duração, contagem, taxa srv dif do anfitrião dst	3
guesspasswd	1,3,32	Duração, Serviço, contagem de anfitriões dst	3
warezmaster	1,2,33	Duração, tipo de protocolo, dst anfitrião srv contagem	3
xsnoop	1,2,3	Duração, Tipo de protocolo, Serviço	3
nomeado	1,2,3	Duração, Tipo de protocolo, Serviço	3
multihop	1,2,33	Duração, tipo de protocolo, dst anfitrião srv contagem	3
sendmail	1,2,3	Duração, Tipo de protocolo, Serviço	3

Tabela 4.3: Lista de caraterísticas para as quais o tipo de ataque é preferido mais significativo na categoria R2L

Tipo de ataque	Caraterísticas significativas	Nomes de caraterísticas	Número de genes
satanás	1,27,30	Duração, rerror_rate, Diff_srv_rate	3
ipsweep	2,3,33	Tipo_de_protocolo, Serviço, dst_host_srv_count	3
varrimento do porto	4,33,35	Sinalizador, dst_host_srv_count, dst_host_diff_srv_rate	3
nmap	2,4,32	Tipo_de_protocolo, Bandeira, contagem_de_host_dst	3
santo	1,2,23	Duração, Tipo de protocolo, Contagem	3
mscan	3,4,7	Serviço, Bandeira, Terra	3

Tabela 4.4: Lista de caraterísticas para as quais o tipo de ataque é preferido mais significativo na categoria Sonda

As caraterísticas relevantes selecionadas, o tipo de ataque e o número de genes estão listados na Tabela 4.1, Tabela 4.2, Tabela 4.3 e Tabela 4.4. Cada caraterística é um gene que representa 1 byte e estes genes reunidos formam um cromossoma.

4.5   Geração de conjuntos de regras

Regras simples para o tráfego de rede através de algoritmos genéticos distinguem ligações de rede normais de relações irregulares. As possibilidades de intrusões são referidas nas ligações anómalas. As regras armazenadas na base de regras têm tipicamente o seguinte aspeto

se {condição} então {ação}

O concurso entre a ligação de rede atual e as regras do Sistema de Deteção de Intrusão, como números de porta, endereço de origem e de destino, tipo de protocolo e duração da ligação, etc., são descritos na *condição* que indica as possibilidades de uma intrusão. As políticas de segurança, como um alerta para os ficheiros de auditoria do sistema dentro de uma organização, são descritas no campo de *ação*.

Os exemplos de regras são os seguintes

Regra 1

Se duração =0 e protocol_type=icmp e service=ecr_i e flag = SF e

src_bytes = 508 V bytes de origem = 1032 e

dst_bytes =0 e

quente = 0 e

is_guest_login =0 and land = 0 and

dst_host_srv_count = 255 e

dst_host_srv_rate = 1 e

dst_host_diff_srv_rate = 0 then smurf

Esta regra pode ser explicada da seguinte forma: se existir um pedido de ligação à rede com a duração =0, tipo de protocolo = icmp, serviço do anfitrião de destino = ecr_i, flag = SF, src_bytes = 508 ou bytes de origem = 1032, dst_bytes = 0, hot = 0, is_guest_login = 0, land = 0, dst_host_srv_count = 255, dst_host_srv_rate = 1, dst_host_diff_srv_rate = 0, então ataque smurf.

Regra 2

Se duração = 1 V 5 V 11 e protocol_type=tcp e service=smtp e flag = SF e src_bytes = 2599 e dst_bytes = 293 e hot = 0 e

is_guest_login =0 e

terra = 0 e

dst_host_srv_count >= 2 ^ <=24'/ e

dst_host_srv_rate >0.1 ^<= 0.97 e

dst_host_diff_srv_rate = 0.004 ^ <=0.16 e depois mailbomb

Esta regra pode ser explicada da seguinte forma: se existir um pedido de ligação de rede com a duração = 1 ou 5 ou 11, tipo de protocolo = tcp, flag = SF, src_bytes = 2599, dst_bytes = 293, hot = 0, is_guest_login = 0, land = 0, dst_host_srv_count> = 2 e <= 247, dst_host_srv_rate> 0.1e <=0.97, dst_host_diff_srv_rate=0.004 e <=0.16 então ataque mailmob.

Regra 3

Se duração = 0 V duração <=289 e protocol_type=tcp e service=ftp V ftp_data e flag = SF V S1 e

(src_bytes > =0 e <=166) V (src_bytes > =17000 e src_bytes<=283618) e dst_bytes = 0 V dst_bytes >=300 ^ destino <=601 e

quente = 0 V 1 V 2 e

terra = 0 e

dst_host_count>=1 e <=255 e

dst_host_srv_count >= 1 ^ <=128 e

dst_host_srv_rate >0.1 ^<= 0.97 e

dst_host_diff_srv_rate = 0 ^ <=1.0 e depois warezmaster

Esta regra pode ser explicada do seguinte modo se existir um pedido de ligação de rede com a duração = 0 ou <=289, tipo do protocolo= tcp, serviço= ftp ou ftp_data, flag=SF ou S1, src_bytes>=0 e <=166 ou src_bytes>=1700 e src_bytes<=283618, dst_bytes= 0 ou dst_bytes >= 300 e destino <=601, hot=0 ou 1 ou 2, land=0, dst_host_count>=1e<=255,dst_host_srv_count>=1e<=128,dst_host_srv_rate>0.1 e <=0.97, dst_host_diff_srv_rate=0 e <=1.0, então o warezmaster ataca.

Regra 4

Se a duração = 0 e

protocol_type=icmp V tcp V udp e

service=ftp V ftp_data V telnet V urp_i e

bandeira = SF e

quente = 0 V 1 V 2 V 3 V 15 e

is_guest_login = 0 ou 1 e

terra = 0 e

dst_host=255 V (dst_host>=1 ^<=12) e

dst_host_srv_count >= 1 ^ <=20 e

dst_host_srv_rate >0 ^<=1 e

dst_host_diff_srv_rate >= 0 ^ 0.67 e

ccount >= 1 V CCount<=19 então multihop

Esta regra pode ser explicada do seguinte modo se existir um pedido de ligação à rede com a duração = 0, service= ftp ou ftp_data ou telnet ou urp_i, flag=SF, hot= 0 ou 1 ou2 ou 3 ou 15, is_guest_login=0 ou 1, land=0, dst_host=255 ou dst_host>=1 e <=12, dst_host_count>=1e<=20,dst_host_srv_rate>0e<=1,dst_host_diff_srv_rate=0 e 0.67 ccount>= 1 ou ccount<=19 então ataque multihop.

Regra 5

Se a duração = 0 e

protocol_type=udp e

service=private V urp_i e

bandeira = SF e

src_bytes =0 V (dst_bytes >=40 e <=52)

quente = 0 e

is_guest_login = 0 e

terra = 0 e

dst_host=255 e

dst_host_srv_count >= 0 ^ <=3 e

dst_host_srv_rate >0.99 ^<=1 e

dst_host_diff_srv_rate = 0 c

ccount >= 6 V CCount<=374then snmp-guess

Esta regra pode ser explicada da seguinte forma: se existir um pedido de ligação à rede com duração = 0, service= private ou urp_i, flag=SF, src_bytes= 0 ou dst_bytes>=40 e <=52, hot=0, is_guest_login=0, land=0, dst_host=255, dst_host_srv_count>=0 e<=3, dst_host_srv_rate>0.99 e<=1, dst_host_dif_srv_rate=0, ccount>=6 ou ccount<=374 então ataque snmp-guess.

Regra 6

Se duração >= 0 ^ duração <=2224 e protocol_type=tcp e

service= ftp V ftp_data V telnet e

fFlag = SF e

src_bytes >=0 ^ <=3760

dst_bytes >=688 <=22395

quente >= 0 ^ quente<=10

is_guest_login = 0 e

terra = 0 e

dst_host_count >=1 ^ <=255 e

dst_host_srv_count >= 1 ^ <=164 e

dst_host_srv_rate >=0 ^<=1 e

dst_host_diff_srv_rate = 0 ^ <=0.84 then bufferoverflow

Esta regra pode ser explicada da seguinte forma se existir um pedido de ligação à rede com a duração > = 0 e <=2224, protocol_type=tcp, service= ftp ou ftp_data ou telnet, flag=SF, src_bytes>=0 e<=3760, dst_bytes>=688<=22395, hot>= 0 e <=10,is_guest_login=0,land=0,dst_host_count>=1 e<=255, dst_host_srv_count>=1 e <=164, dst_host_srv_rate>=0 e <=1, dst_host_diff_srv_rate=0 e <=0.84, então ataque de bufferoverflfow.

Regra 7

Se a duração = 0 e

protocol_type=icmp e

service=eco_i e

bandeira = SF e

src_bytes = 8 V 18 V 1032 e

dst_bytes=0 e

quente = 0 e

is_guest_login = 0 e

terra = 0 e

dst_host=1 V 2 e

dst_host_srv_count >=1 ^ <=255 e

dst_host_srv_rate =1 e

dst_host_diff_srv_rate > = 0,01 ^ <=1 e

ccount = 1 V CCount<=501então ip-sweep

Esta regra pode ser explicada da seguinte forma: se existir um pedido de ligação de rede com a duração = 0, protocol_type= icmp, service= eco_i, flag=SF, src_bytes= 8 ou 18 ou 1032, dst_bytes=0, hot= 0, is_guest_login= 0, land=0, dst_host=1ou2,dst_host_srv_count>=1e<=255,dst_host_srv_rate=1,dst_host_diff_sr v_rate>=0.01 e <=1, ccount= 1ou ccount<=501 então ataque ip-sweep.

Regra 8

Se a duração > = 0 e a duração <=11 e

protocol_type=tcp V udp V icmp e

service=eco_i V ecr_i V private V ldap V login V other e

bandeira = SF V REJs e

src_bytes >=0 ^ <=40 e

dst_bytes >=0 ^ dst_bytes <=1572 e

quente = 0 e

is_guest_login = 0 e

terra = 0 e

dst_host >=1 ^ 255 e

dst_host_srv_count >=1 ^ <=255 e

dst_host_srv_rate =0.0 ^ <=1 e

dst_host_diff_srv_rate > = 0,01 ^ <=1 e

ccount = 1 V CCount<=511 then saint

Esta regra pode ser explicada da seguinte forma: se existir um pedido de ligação de rede com a duração >= 0 e <=11, protocol_type= tcp ou udp ou icmp, service= eco_i ou ecr_i ou private ou ldap ou login ou outro, flag=SF ou REJs, src_bytes >=0 e <=40, dst_bytes=0 e <=1572, hot= 0, is_guest_login= 0, land=0, dst_host=1ou255, dst_host_srv_count>=1e<=255,dst_host_srv_rate=0.0e<=1,dst_host_diff_srv_ rate >=0.01 e <=1, ccount= 1ou ccount<=511 então saint attack.

4.6 Fase de treino e teste utilizando o GA

Os dois módulos dos métodos de deteção de intrusões baseados em AG propostos são a fase de aprendizagem e a fase de descoberta. A fase de aprendizagem consiste numa coleção de regras de categorização a partir de dados de auditoria de rede utilizando A. A fase de deteção de intrusões é uma coleção de regras utilizadas para dividir as ligações de rede internas no local em tempo real. Uma vez criadas as regras, a deteção de intrusões é fácil e eficaz.

A tarefa de aptidão utilizada para estabelecer o valor de aptidão da regra individual é

Step 1) Let 'x$_i$' be the binary string value of ith String

Step 2) Let $f(x_i) = x_i^2$

Step 3) $\sum\limits_{i=1}^{n} f(x_i)$

      Where 'n' is the number of strings
      Where fx$_i$ is the fitness of ith string
      Where i is the ith string

Step 4) Evaluate Fitness = $f(x_i) * 100 / \sum\limits_{i=1}^{n} f(x_i)$

Em que f(xi) aptidão da cadeia individual n

$$\sum\limits_{i=1}^{n} f(x_i) \text{ is the sum of fitness of all individuals in a population.}$$

Finalmente, pode ser escrito como

$$\textbf{Fitness} = \textbf{f(x) / f(sum)} \tag{1}$$

Em que f(x) é a aptidão da entidade x e f é o total de todas as entidades

A seleção por classificação é paralela à seleção relativa. Os habitantes individuais são ordenados e classificados com base no seu valor de aptidão.

$$\textbf{Ps(i)} = \textbf{r(i) / r}_{\textbf{sum}} \tag{2}$$

Em que Ps(i) é a probabilidade de seleção de um indivíduo

r(i) é a classificação dos indivíduos

_{rsum} é a soma de todos os valores de aptidão

O conjunto de dados classificados pelo Algoritmo Genético foi recolhido e as regras são aplicadas para detetar os erros.

4.7 Descrição geral do algoritmo de descoberta proposto

A lista 1 ilustra os principais passos do algoritmo de deteção em funcionamento, bem como o processo de preparação. Em primeiro lugar, o algoritmo cria os habitantes primários e agrupa os dados de auditoria da rede. Em seguida, a população primária é desenvolvida para uma quantidade de criações. Em cada criação, as caraterísticas das regras são inicialmente calculadas e, em seguida, dá-se preferência a uma quantidade de regras mais adequadas. O procedimento de formação é criado através da criação arbitrária de uma população primária de regras (Etapa 1). O passo 2 estima a quantidade total de traços nos dados de auditoria. A etapa 3 calcula a aptidão de cada regra e seleciona as regras mais adequadas para a nova população. O passo 4 estima a seleção da classificação dos indivíduos. Os passos 5-7 relacionam os operadores de cruzamento e mutação com cada regra da nova população. O passo 8 seleciona os melhores cromossomas para a nova população. Por último, a etapa 9 verifica e decide se o processo de formação deve ser interrompido ou se deve ser introduzida a geração seguinte para prosseguir o processo de desenvolvimento.

4.7.1 Principais etapas do algoritmo de deteção

Algoritmo: Formação de conjuntos de regras com Algoritmo Genético

Entrada: Número de produções, conjunto de cadeias binárias, intervalo de população, possibilidade de cruzamento, possibilidade de mutação.

Saída: Um conjunto de atributos preferidos.

Passo 1) Inicializar a população de forma arbitrária

Passo 2) Quantidade de registos no conjunto de treino

Passo 3) Estimar **a aptidão = f(x)/ f (soma)**

Onde f (x) é a aptidão do indivíduo x e f é a aptidão total de todos os indivíduos.

Passo 4) Seleção da classificação **Ps(i) = r(i) / rsum**

Em que Ps(i) é a probabilidade de seleção de um indivíduo

r(i) é a classificação dos indivíduos

rsum é a soma de todos os valores de aptidão

Passo 5) Para cada cromossoma da nova população

Passo 6) Aplicar o operador regular Crossover ao cromossoma

Passo 7) Aplicar o operador de mutação ao cromossoma

Passo 8) Escolher os melhores 60% dos cromossomas para a nova população

Etapa 9) Se a quantidade de criações não for atingida, passar à etapa 3.

4.8 Instalação experimental

4.8.1 Objetivo

O objetivo da nossa experiência consistiu em gerar classificadores ou regras para 25 tipos de ataques pertencentes a quatro categorias diferentes e em criar uma regra que possa classificar todas estas ligações com uma taxa mínima de falsos positivos.

4.8.2 Ferramentas

Para a nossa implementação, utilizámos o C# em .net suite para desenvolver o Algoritmo Genético. Utilizámos um computador baseado no Windows com um processador Pentium core duo de 2,0 GHz, 250 GB de disco rígido e 1 GB de RAM para executar o programa.

4.8.3 Pesquisa de hipóteses

O espaço de pesquisa de hipóteses nesta experiência consistiu em selecionar diferentes domínios importantes que podem ser identificados. Embora o espaço de pesquisa possa ser alargado a todos os 41 domínios, isso exigirá, no entanto, que o cálculo se prolongue por muitas horas. Assim, para o espaço de pesquisa, a experiência limitou-se a selecionar diferentes campos importantes. Para identificar os campos potenciais que pareciam exclusivos de um determinado tipo de ataque, estes campos foram selecionados com base numa análise heurística dos dados de treino. Estes campos fornecem informações sobre a duração, o tipo de protocolo, o tipo de serviço, o sinalizador (erro ou ligação normal), a contagem, a contagem de srv, a taxa de serror, a contagem do anfitrião dst, a contagem de srv do anfitrião dst, a taxa de srv diff do anfitrião dst, etc. Ao analisar os dados de treino, estes campos parecem estar entre os campos definitivos que podem ajudar a reconhecer um ataque de uma ligação normal. A implementação destes campos pretende ser alargada a outros campos durante as próximas experiências.

4.8.4 Limitações na GA

Há uma série de limites a ter em conta na aplicação da G.A. Estes dois factores condicionam grandemente a eficácia da G.A. A metodologia e os limites conexos serão discutidos nas secções seguintes.

O sistema foi treinado utilizando a função de aptidão definida na fórmula (1) com os factores subsequentes de G.A: Como é necessário um utilizador, seleccionamos o número de geraçoes, mais de 1000 regras iniciais. Para a técnica de codificação de cruzamento é utilizada a técnica de cruzamento de "um ponto" e para o tipo de codificação de mutação é utilizada a técnica de mutação por inversão de bits. Uma vez terminado o processo de treino, foram preferidas as regras "best-fit" para a classificação das interrupções e das ligações comuns no teste do conjunto de dados.

4.9 Resultado experimental

A partir da implementação acima referida, foram geradas com êxito algumas regras que categorizam as ligações de ataque mencionadas e que permitem aplicar o algoritmo genético ao conjunto de caraterísticas selecionadas e encontrar o valor de aptidão para cada geração.

Esta secção apresenta quatro categorias de ataque diferentes que podem identificar o desempenho da percentagem de deteção e da taxa de falsos positivos. A primeira experiência utilizou 10 de 41 caraterísticas, a segunda experiência utilizou 7 de 41 caraterísticas, a terceira experiência utilizou 9 de 41 caraterísticas e a quarta experiência utilizou 11 de 41 caraterísticas.

O processo de implementação experimental é explicado a seguir. O ecrã do formulário principal do KDDCUP que se segue contém todas as caraterísticas como caixa de listagem. Esta caixa contém todos os atributos como duração, protocolo, serviço e bandeira, etc.

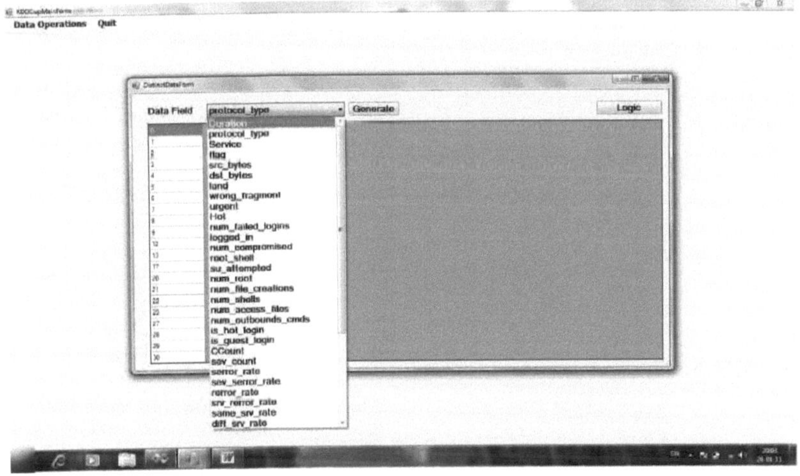

Fig. 4.3: Mostra a lista total de atributos no conjunto de dados KDDCUP99

Este formulário contém um total de 24 tipos de ataque e todos os atributos de cada tipo de ataque. Quando seleccionamos um tipo de ataque na caixa de grelha da esquerda, todos os atributos correspondentes são apresentados na tabela da direita

81

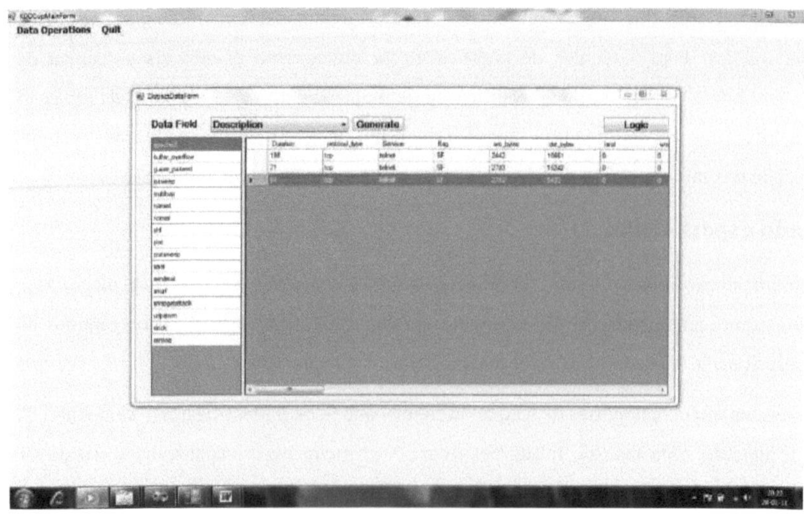

Fig. 4.4: Mostra a lista total de 24 tipos de ataque

Este formulário apresenta todos os atributos do tipo de ataque selecionado de forma binária como parte do pré-processamento neste formulário, apresentei todos os atributos identificados e não identificados, porque posso comparar o número total de atributos com o número total de atributos do KDDCUP.

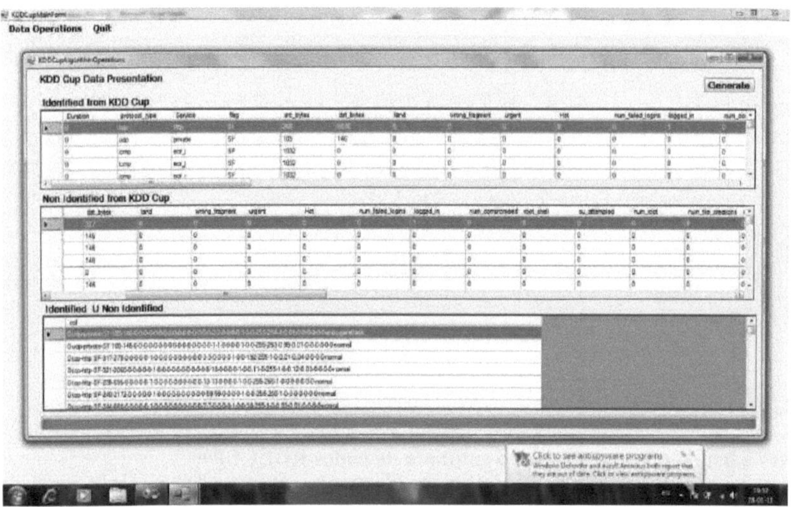

Fig. 4.5: Para visualizar a representação dos dados totais identificados e não identificados

Para converter cada tipo de ataque em formato binário, porque cada representação de atributo de ataque tem formatos diferentes, podemos transformar todos os atributos numa representação uniforme

82

que é o formato binário. Todo este processo será incluído na fase de aprendizagem.

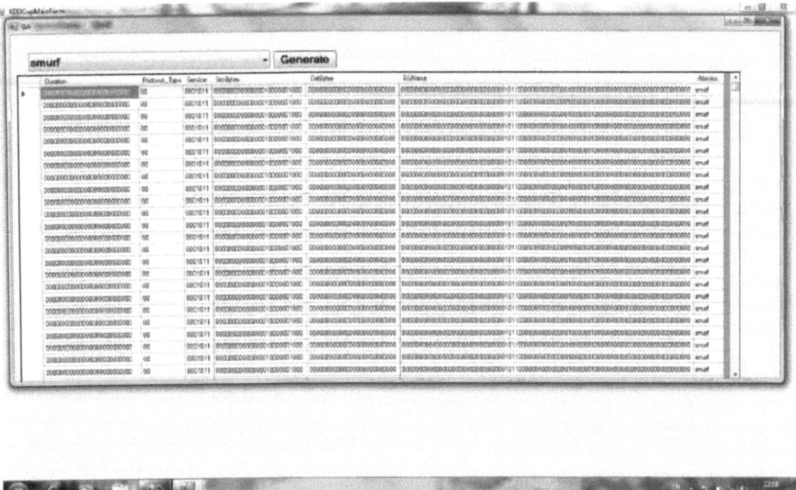

Fig 4.6: Mostra um exemplo do formato da cadeia binária Smurf

Este formulário contém os atributos selecionados para processar a seleção de caraterísticas. Neste trabalho, foram selecionados os atributos 1, 2 e 33 para o ataque smurf na categoria DoS. Assim, selecionei 3 atributos diferentes para todos os tipos de ataques.

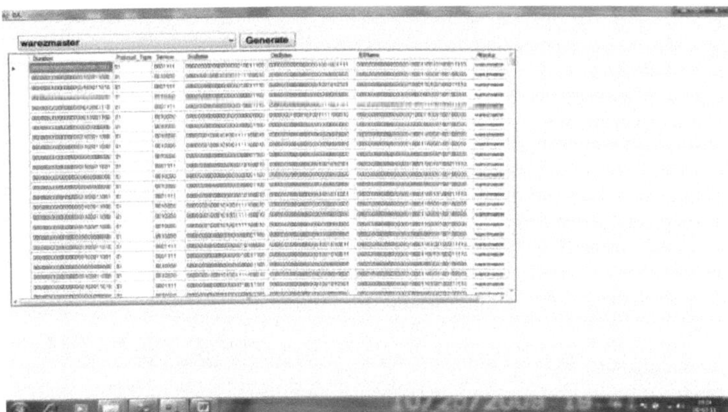

Fig 4.7: Para visualizar o processo de seleção do warezmaster de exemplo.

Este formulário apresenta os valores de aptidão que serão calculados utilizando o novo Algoritmo Genético através do operador de seleção, cruzamento e mutação.

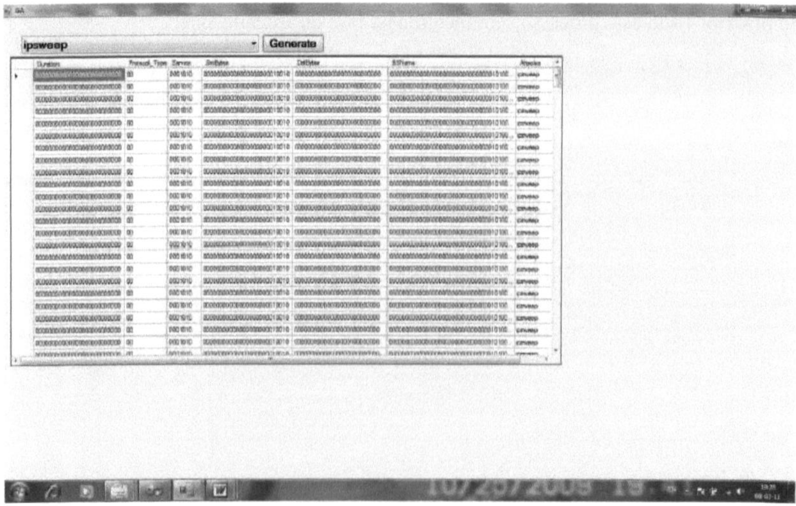

Fig. 4.8: Mostra os valores de aptidão calculados para o tipo ipsweep

No processo de determinação do valor de aptidão, as operações de seleção, mutação e cruzamento são importantes. Utilizei a seleção máxima (Sl.No) como parte da operação de seleção. No âmbito da operação de cruzamento, utilizei os dois conjuntos binários mais importantes e apliquei o cruzamento de ponto único com um gene de 13 bits.

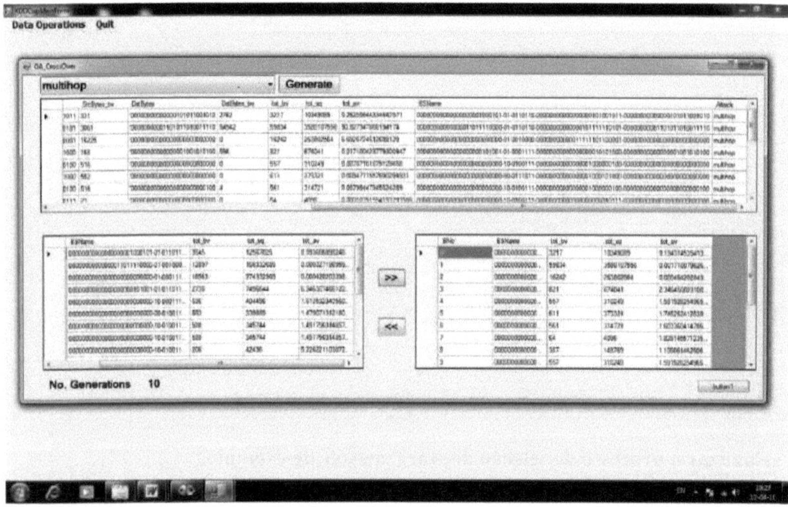

Fig 4.9: Mostra as operações de aptidão, seleção, cruzamento e mutação para o tipo multihop.

Criei algumas regras utilizando instruções if then com estas regras podemos classificar o tipo de ataque e também podemos descobrir se se trata de uma intrusão ou não.

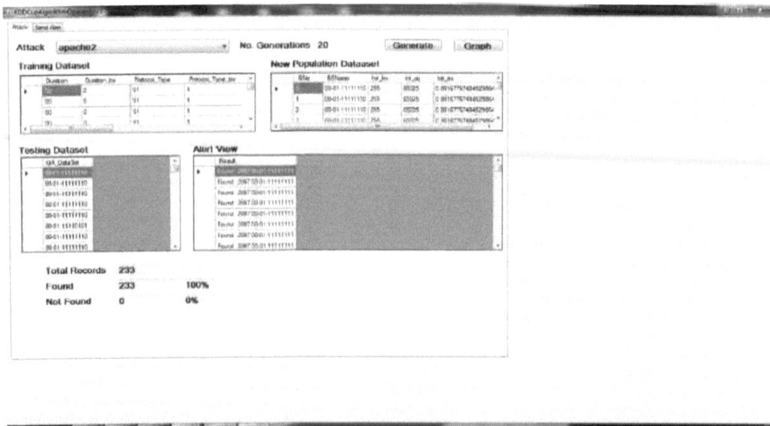

Fig 4.10: Mostra o processo do tipo de ataque appache2

Efectuei o mesmo processo para todos os tipos de ataques e apresenta a percentagem total. Na fig. 8, se clicar no botão de gráfico, é gerado um gráfico com todos os registos. No gráfico, coloquei o número de gerações no eixo dos x (na horizontal) e os valores de aptidão no eixo dos y (na vertical).

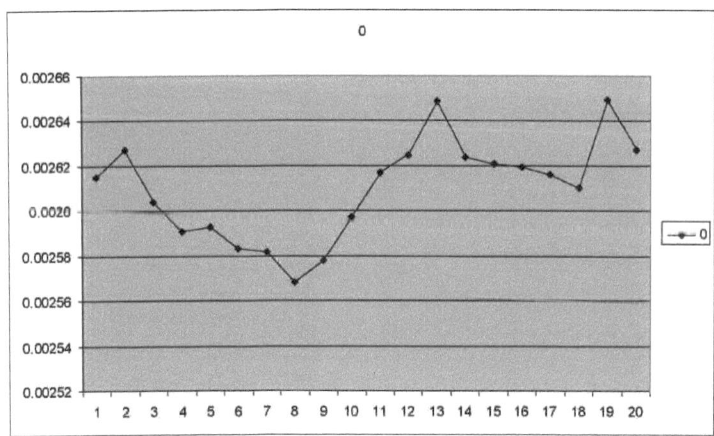

Fig 4.11: A captura de ecrã mostra o gráfico de aptidão para o tipo apache 2.

Este formulário contém o tipo de ataque. Se se tratar de um novo ataque, estou a apresentar o alarme a vermelho.

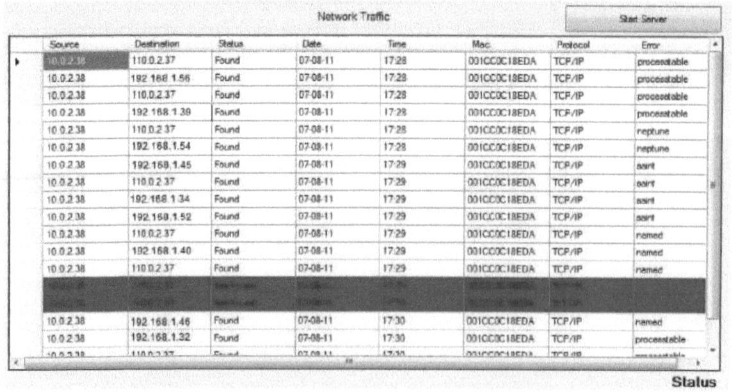

Fig 4.12: A captura de ecrã mostra o tipo de ataque e o alerta de cor vermelha para novos ataques

4.9.1 Experiência 1

Para a primeira experiência, foram utilizadas 10 das 41 caraterísticas. No GAIDS foi criada uma regra que pode categorizar os dados com êxito e a taxa de deteção de intrusões é de 93,70%, a taxa de falsos positivos é de 0,063%, como mostra a Tabela 4.5:

A lista de descrições de ataques DoS é apresentada a seguir:

S.N.	Tipo de ataque	Percentagem de deteção (%)	Taxa de falsos positivos (%)
1	neptuno	100	0
2	smurf	73	0.273
3	voltar	99.35	0.006
4	bomba de correio	87	0.131
5	cápsula	94.25	0.057
6	apache2	100	0
7	tempestade de udp	100	0
8	processável	97	0.039
Taxa média de sucesso		93.70	0.0632

Tabela 4.5: Taxa de deteção e taxa de falsos alarmes para a categoria DoS

Neptuno

Todo o desempenho do Transmission Control Protocol / Internet Protocol é, em certa medida, suscetível de sofrer um ataque que pode ser designado por SYN Flood, considerado um ataque DoS. Cada uma das ligações semi-abertas do Transmission Control Protocol fabricadas por uma máquina faz com que o servidor "tcpd" adicione um registo à formação de dados que armazena informações que descrevem todas as ligações pendentes. O tamanho deste D.S. está sujeito a limitações e pode ser transformado em excesso, gerando propositadamente numerosas ligações parcialmente abertas. O D.S das ligações parcialmente abertas no sistema do servidor de fatalidade acabará por ficar cheio e o sistema será incapaz de receber quaisquer novas ligações até que a tabela seja limpa. Normalmente, uma ligação pendente está relacionada com um tempo limite em que as ligações semi-abertas terminam finalmente e o sistema servidor de fatalidade recupera. No entanto, o sistema atacante pode continuar a transmitir pacotes falsificados pelo Protocolo Internet com pedidos de novas ligações, o que aconteceria mais cedo do que o sistema do fatality pode terminar as ligações pendentes. Em vários casos, a memória do sistema pode ser completada, pode colidir ou tornar-se inoperacional de outra forma.

Estrunfe

Para criar um ataque de negação de serviço, no ataque "smurf", os atacantes utilizam pacotes de pedido de eco ICMP destinados a endereços de transmissão do Protocolo Internet a partir de locais distantes. O atacante, o agente e a fatalidade [18] são as três partes envolvidas nestes ataques. Os pacotes ICMP "echo request" são enviados pelo atacante para o endereço de transmissão (xxx.xxx.xxx 250) de várias sub-redes com o endereço de base falsificado para ser semelhante ao da fatalidade planeada. Qualquer aparelho que esteja a escutar nestas sub-redes reagirá enviando pacotes ICMP "echo reply" para a fatalidade. O ataque smurf é produtivo, uma vez que o agressor está em condições de utilizar endereços de transmissão para intensificar o que seria feito de outra forma e pode ser uma inofensiva inundação de pings.

Voltar

Um agressor apresenta um pedido com URL's que consistem em muitas chicotadas frontais no âmbito de um ataque DoS contra o servidor Web Apache. Ao tentar processar estes pedidos, o servidor torna-se lento e torna-se incapaz de classificar necessidades adicionais.

Bomba de correio

Um atacante envia numerosas mensagens para o servidor, o que faz transbordar a fila de correio desse servidor, conduzindo a uma provável falha do sistema, que pode ser designada por ataque Mailbomb.

Pod

O PoD é um ataque DoS que altera muitos dos O.Ss mais antigos. Embora o resultado maléfico de um PoD não possa ser copiado em alguns métodos de fatalidade usados na avaliação da Defense Advanced Research Project Agencey de 1998, tem sido amplamente contabilizado que vários sistemas atingirão de forma imprevista quando receberem pacotes extragrandes do Protocolo Internet. As respostas prováveis destes sistemas incluem o bloqueio, o congelamento e a reinicialização.

Apache2

O caso de um utilizador que envia um pedido com a ajuda de muitos cabeçalhos do protocolo de transporte de hipertexto pode ser designado por ataque Apache, no qual se verifica um ataque DoS contra um servidor Web Apache. No caso de um servidor receber muitos destes pedidos, há uma probabilidade de abrandamento e de um eventual colapso.

Protocolo de Datagrama do Utilizador

O User Datagram Protocol Storm Assault é um ataque DoS que provoca o entupimento e a desaceleração da rede. Com o estabelecimento de uma ligação entre dois serviços do Protocolo de Datagrama de Utilizador, com todos a produzirem uma saída, estas duas verificações podem gerar uma quantidade extremamente grande de pacotes que podem resultar em DoS na(s) máquina(s) onde os serviços podem ser obtidos. Não é necessário acesso à conta de qualquer pessoa com ligação à rede para lançar um ataque. Qualquer pessoa com ligação à rede pode lançar um ataque; não é desejável qualquer acesso a uma conta.

Tabela de processos

O ataque à tabela de processos é uma nova forma de ataque DoS que foi criada especialmente com o objetivo de o avaliar. O ataque à tabela de processos pode ser efectuado contra um grande número de serviços de rede em vários sistemas UNIX. O ataque seria iniciado contra serviços de rede que podem bifurcar-se () ou, de uma forma diferente, alocar um novo método para cada ligação Transmission Control Protocol / Internet Protocol de entrada. O S.O. padrão do UNIX limita a quantidade de processos que qualquer cliente pode abrir, mas não há restrições quanto à quantidade de métodos que um superutilizador pode gerar, exceto os limites estritos impostos pelo sistema operativo. Como as ligações de entrada do Protocolo de Controlo de Transmissão/Protocolo de Internet são normalmente tratadas por servidores que funcionam como origem, é bastante provável que a tabela de processos de uma máquina objetivo seja totalmente preenchida com uma variedade de instanciações de servidores de rede. Se estes forem implementados de forma adequada, este ataque impede que qualquer controlo adicional seja utilizado na máquina de destino.

4.9.2 Experiência 2

S.N.	Tipo de ataque	Percentagem de deteção (%)	Taxa de falsos positivos (%)
1	adivinhar- passwd	79	0.214
2	nomeado	89	0.111
3	xsnoop	100	0
4	snmpgetattac k	97	0.030
5	sendmail	86	0.142
6	multihop	73	0.272
7	warezmaster	98	0.018
Taxa média de sucesso		**88.85**	**0.112**

Tabela 4.6: Taxa de deteção e taxa de falsos alarmes para a categoria R2L

Para a segunda experiência, que utilizou 7 das 41 caraterísticas, no GAIDS foi criada uma regra que pode classificar os dados com êxito e a taxa de deteção de intrusões é de 88,85%, a taxa de falsos positivos é de 0,112%, como mostra a Tabela 4.6:

A lista abaixo mencionada de descrições de **ataques R2L** é apresentada a seguir

Adivinhar palavra-passe

Para a interação entre os utilizadores e os sistemas de informação, são utilizados vários mecanismos, como palavras-passe para passar expressões e códigos de segurança. Com um papel centralizado na segurança, é possível adivinhar facilmente as palavras-passe, que são o elo mais fraco. Estas permitem que os atacantes acedam ao sistema, às contas e até aos privilégios administrativos.

Nomeado

O ataque nomeado desenvolve um estouro de buffer nas versões BIND 4.9 anteriores à BIND 4.9.7 e BIND 8 anteriores à 8.1.2. Uma dúvida contrária, indecente ou cruelmente concebida, numa torrente do Protocolo de Controlo de Transmissão destinada ao serviço nomeado pode fazer crashar o servidor nomeado ou permitir que um atacante aumente os direitos de raiz.

XSnoop

XSnoop Para tentar obter informações que possam ser utilizadas para obter acesso local ao sistema da vítima, um atacante vigia os toques de teclas classificados por um servidor X desprotegido no ataque XSnoop. Os toques de teclas no servidor X de um utilizador que sai da sua exposição X podem ser monitorizados por um atacante. O registo das teclas pode ser útil a um atacante, pois é provável que contenha informações secretas que podem ser utilizadas para aumentar a entrada no sistema, uma vez que o nome de utilizador e a chave do utilizador estão a ser examinados.

Ataque Snmpget

Um ataque snmp é utilizado para monitorizar e redirecionar o tráfego, o que faz com que a rede seja mapeada. O snmp é mais ativo por natureza. O snmp3 atualizado pode encriptar palavras-passe e mensagens. A tarefa de atualizar o snmp é complexa, uma vez que este se encontra em quase todos os dispositivos de rede, hubs, routers, switches, etc. A ferramenta de gestão snmp, que consiste numa distribuição para redes globais, também está disponível.

Sendmail

Na conta 8.8.3 do send mail, o ataque ao sendmail utiliza um estouro de buffer, permitindo que um atacante remoto execute comandos com direitos de super utilizador. Os intrusos podem forçar o sendmail a executar instruções caprichosas com privilégio de root, transmitindo uma comunicação de e-mail cuidadosamente construída para um sistema que esteja a executar uma conta do sendmail passível de ataque.

Multihop

No cenário multihop, o agressor entra primeiramente num dos mecanismos internos e utiliza essa máquina para ataques adicionais. Alguns dos sistemas de deteção de intrusões controlam o tráfego ao nível exterior do router e só vêem o tráfego de entrada ou o resultado da rede. O cenário multihop é uma forma eficaz de lançar um ataque de negação de serviço que não é detectado. Com esta técnica, um ataque DoS pode ser monitorizado a partir da rede interna.

Warezmaster

Um erro de sistema num servidor de protocolos de transferência de ficheiros é o ataque warezmaster. Os utilizadores convidados não estão autorizados ou autorizados no servidor fttp e não podem carregar quaisquer ficheiros e, durante a execução dos ataques, o atacante utiliza o servidor com um ataque de convidado. Os atacantes criam diretórios ocultos e carregam cópias ilegais de software (warez) para o servidor. A forma mais simples de evitar este ataque é atribuir permissões adequadas a todos os utilizadores do servidor.

4.9.3 Experiência 3

Para a terceira experiência, foram utilizadas 9 das 41 caraterísticas. No GAIDS foi criada uma regra que pode categorizar os dados com êxito e a taxa de deteção de intrusões é de 92,50%, a taxa de falsos positivos é de 0,075%, como mostra a Tabela 4.7:

S.N.	Tipo de ataque	Percentagem de deteção (%)	Taxa de falsos positivos (%)
1	estouro de buffer	65	0.25
2	perl	100	0.00
3	httptunnel	95	0.05
4	snmpguess	100	0.00
Taxa média de sucesso		92.5	0.075

Tabela 4.7: Taxa de deteção e taxa de falsos alarmes para a categoria U2R

A seguinte lista de descrições de ataques R2L é apresentada abaixo:

Estouro da memória intermédia

A fim de fornecer ao utilizador uma shell de raiz que visa processar a execução de código malicioso, é utilizado o mecanismo de transbordamento de memória (buffer overflow), que consiste em armazenar a intrusão maliciosa na memória intermédia, que transbordou para permitir a utilização inesperada do processo e altera várias secções da memória.

Perl

O ataque Perl pode ser denominado como um ataque U2R que faz pleno uso de um bug em algumas implementações Perl. Os scripts set-user-ID e set-group- ID guardados são suportados pelo perl, que é uma versão suidperl. O intérprete não abandona os direitos de origem quando altera o seu cliente efetivo e os Sistemas de Deteção de Intrusão de coleção. O preditor não abandona corretamente os seus direitos de origem quando altera o seu cliente e grupo efectivos na versão inicial. Qualquer pessoa com acesso a uma conta no esquema pode obter acesso à fonte, num sistema que contenha o suidperl, ou o programa sperl instalado que suporte set-user-ID e set-group-ID guardado.

túnel http

As comunicações efectuadas em vários protocolos de rede são encerradas utilizando o protocolo http. O protocolo http, pertencente aos protocolos da família tcp/ip, actua como cobertura de um canal para os protocolos de rede que estão a ser ligados em túnel.

4.9.4 Experiência 4

Para a quarta experiência, foram utilizadas 11 das 41 caraterísticas. No GAIDS foi criada uma regra que pode categorizar os dados com êxito e a taxa de deteção de intrusões é de 95,33%, a taxa de falsos positivos é de 0,055%, como mostra a Tabela 4.8:

S. Não	Tipo de ataque	Percentagem de deteção (%)	Taxa de falsos positivos (%)

1	Satanás	100	0.000
2	Ipsweep	98	0.018
3	Varrer o porto	100	0.000
4	Nmap	100	0.000
5	Santo	82	0.184
6	Mscan	92	0.130
Taxa média de sucesso		**95.33**	**0.055**

Tabela 4.8: Taxa de deteção e taxa de falsos alarmes para a categoria Sonda

A lista de descrições de **ataques do Probe** é apresentada abaixo:

Satanás

O programa de verificação SAINT, ilustrado na secção anterior, é um antecessor do SAINT, enquanto o SATAN e o SATAN são completamente semelhantes em termos de razão e plano e as possibilidades exactas de ataques que cada ferramenta testa são um pouco diferentes.

Ipsweep/Portsweep

Uma varredura de vigilância é um ataque de varredura que determina os anfitriões que escutam numa rede e que transmite esta informação será útil a um agressor para projetar ataques e procurar máquinas facilmente afectadas.

NMap

Para efetuar exames de rede, é utilizada a ferramenta de uso geral Nmap. O Nmap suporta muitos tipos diferentes de exames de portas, incluindo as opções de exame SYN, FIN e ACK com o Protocolo de Controlo de Transmissão e o Protocolo de Datagrama do Utilizador, bem como o exame ICMP (Ping). Para especificar que portas devem ser analisadas, quanto tempo esperar entre cada porta, se as portas devem ser analisadas consecutivamente ou numa ordem arbitrária, um utilizador pode utilizar o programa Nmap.

Santo

A ferramenta de rede integrada do administrador de segurança é o SAINT. Na sua forma mais simples, recolhe o máximo de informações sobre hospedeiros e redes remotas que são prováveis através da sondagem de serviços de rede como o finger, NFS, NIS, ftp e tftp, rexd, statd e outros serviços. A ocorrência de uma variedade de serviços de informação de rede, bem como possíveis falhas de segurança, estão incluídas nas informações recolhidas. Os serviços de rede mal configurados ou dispostos, os famosos insectos nos serviços de sistema ou de rede e os resultados reduzidos do plano constituem estas falhas. O SAINT pode não ter sido planeado para ser utilizado como um dispositivo de assalto, mas fornece informações de segurança bastante úteis para um assaltante.

Mscan

Para localizar máquinas e testá-las quanto a vulnerabilidades, é utilizada a ferramenta Mscan, que, por sua vez, utiliza mutuamente movimentos de zona DNS e/ou força bruta para obter endereços de Protocolo Internet.

4.9.5 G.A. melhorada - Taxa de deteção global

Sl. Não	Categoria de ataque	Taxa de deteção (%)	Falsos positivos (%)
1	DoS	93.70	0.063
2	R2L	88.85	0.112
3	U2R	92.50	0.075
4	Sonda	95.33	0.055
Taxa média de sucesso		**92.595**	**0.076**

Tabela 4.9: GA baseado em regras melhorado - Taxa de deteção para ataques DoS, R2L, U2R e Probe

4.9.6 Taxa global de deteção e de falsos alarmes para diferentes ataques

Esta tabela 4.10 mostra a taxa de deteção e a taxa de falsos positivos para diferentes ataques em diferentes categorias, ou seja, DoS, R2L, U2R, Probe.

Sl. Não	Nome do ataque	Taxa de deteção (%)	Taxa de falsos positivos (%)
1	neptuno	100	0.000
2	smurf	73	0.273
3	voltar	99.35	0.006
4	bomba de correio	87	0.131
5	cápsula	94.25	0.057
6	apache2	100	0.000
7	tempestade de udp	100	0.000
8	processável	97	0.039

9	adivinhar-passwd	79	0.214
10	nomeado	89	0.111
11	xsnoop	100	0.000
12	Snmpgetattack	97	0.030
13	sendmail	86	0.142
14	multihop	73	0.272
15	warezmaster	98	0.018
16	estouro de buffer	65	0.250
17	perl	100	0.000
18	httptunnel	95	0.050
19	snmpguess	100	0.00
20	Satanás	100	0.000
21	Ipsweep	98	0.018
22	Varrer o porto	100	0.000
23	Nmap	100	0.000
24	Santo	82	0.184
25	Mscan	92	0.130
Taxa média de sucesso		**92.595**	**0.076**

Tabela 4.10: Taxa global de deteção de ataques e taxa de falsos positivos

4.10 Resultados Comparação e discussão

4.10.1 Resultados Comparação do algoritmo genético com o algoritmo genético melhorado

Algoritmo

As avaliações demonstram o poder e a capacidade do método planeado para ter um desempenho extremamente bom com 93,70% de deteção de ataques DoS, 88,85% de deteção de ataques R2L, 92,50% de deteção de ataques U2R e 95,33% de deteção de ataques Probe com um FPR global de 0,076%. A semelhança do teste desta técnica atestou a sua utilidade e importância. O nosso algoritmo resultou em escolhas agradáveis de FAR e no maior desenvolvimento de D.R para todos os tipos de ataques com um D.R global de 92,595% que resultaram de um conjunto de dados muito grande e de

IDSs de ingredientes subóptimos.

Para estimar o desempenho do modelo de deteção de intrusão G.A melhorado é comparado com os modelos anteriores do algoritmo genético em termos de D.R e FPR e os resultados são resumidos na tabela 4.11. Finalmente, o G.A melhorado é comparado com o algoritmo C4.5 melhorado. O algoritmo G.A melhorado dá uma correção melhorada para as categorias DoS, Probe, Remote to Local e User to Root, em comparação com o algoritmo C4.5 melhorado e a implementação anterior. Concluiu-se que o G.A melhorado dá um bom D.R e FPR.

Sl. Não	Categoria de ataque	Taxa de deteção (%) (Hoffman)	Taxa de deteção (%) (Selvakani)
1	DoS	82.9	86.7
2	Sonda	75.3	79.1
3	U2R	73.1	71.2
4	R2L	85.3	83.3
Taxa média de sucesso		**79.15**	**80.075**

Sl. Não	Categoria de ataque	Taxa de deteção (%)	Falsos positivos (%)
1	DoS	93.70	0.063
2	Sonda	95.33	0.112
3	U2R	92.50	0.075
4	R2L	88.85	0.055
Taxa média de sucesso		**92.595**	**0.076**

Tabela 4.12: Taxa de deteção e de falsos positivos para o algoritmo genético melhorado

Sl. Não	Categoria de ataque	Taxa de deteção (%) (Hoffman)	Taxa de deteção (%) (Selvakani)	Taxa de deteção (%) (G.A. melhorada)	Falsos positivos (%) (G.A. melhorada)
1	DoS	82.9	86.7	93.70	0.063
2	Sonda	75.3	79.1	95.33	0.112
3	U2R	73.1	71.2	92.50	0.075

4	R2L	85.3	83.3	88.85	0.055
Taxa média de sucesso		**79.15**	**80.075**	**92.595**	**0.076**

O gráfico da figura 4.3 mostra o desempenho do G.A e do G.A melhorado em termos de precisão para o DoS, R2L, U2R e Probe.

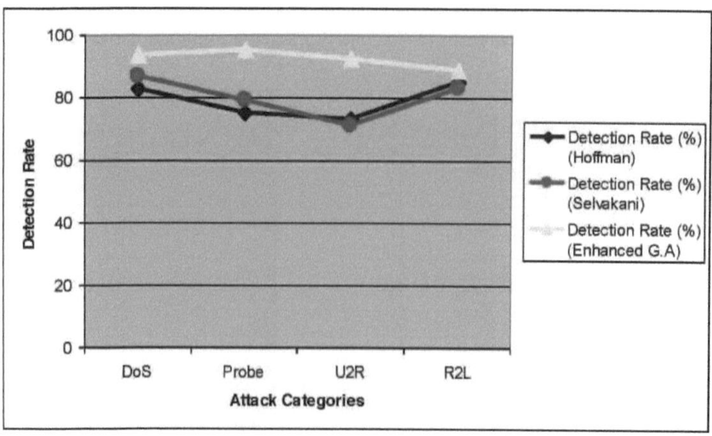

Figura 4.13: Mostra o desempenho do G.A e do G.A melhorado

Sl. Não	Categoria de ataque	Taxa de deteção (%) (G.A. melhorada)	Falsos positivos (%) (G.A. melhorada)	Taxa de deteção (%) (Enhanced C4.5)	Falsos positivos (%) (C.4.5 melhorado)
1	DoS	**93.70**	0.063	92.92	0.085
2	Sonda	**95.33**	0.112	88.29	0.152
3	U2R	**92.50**	0.075	84.00	0.220
4	R2L	**88.85**	0.055	66.91	0.398
Taxa média de sucesso		**92.595**	**0.076**	83.03	0.213

Tabela 4.14: Comparação do desempenho do algoritmo G.A melhorado com o algoritmo C4.5 melhorado

O gráfico da figura 4.4 mostra o desempenho do G.A. melhorado e do G.A. melhorado em termos de precisão para as categorias DoS, R2L, U2R e Probe.

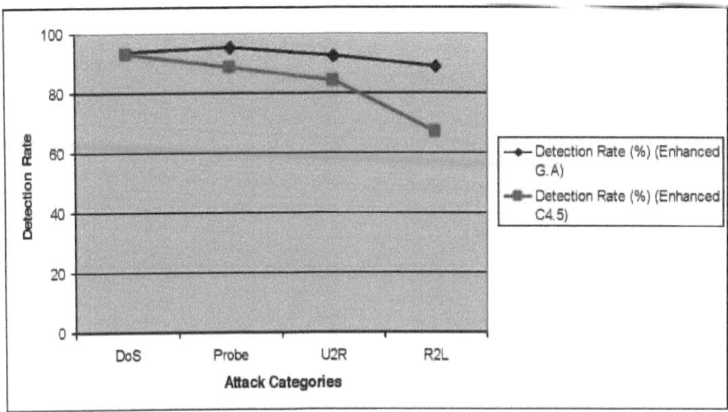

Figura 4.14: Mostra o desempenho do algoritmo G.A melhorado e do algoritmo C4.5 melhorado

4.11 Resumo

A identificação efectiva é um elemento crucial das comunicações replicadas, uma vez que é pioneira na luta contra o ciberterrorismo. O tráfego de acesso a uma rede pode ser utilizado para o NIDS, bem como para evitar, enquanto o tráfego de saída pode detetar malware numa rede comercial. Os métodos de deteção de interrupções para a segurança da rede, tal como disponíveis na literatura, apresentam uma chave limitada para o problema geral de reconhecimento de todos os ataques prováveis à rede. Todos os IDS são concebidos de forma a permitir a deteção de uma classe de ataques específica. No entanto, nenhum dos sistemas de deteção de intrusões disponíveis pode propor a segurança completa da abordagem baseada no algoritmo genético melhorado.

Nesta perspetiva, é indicado que as possibilidades comparativamente elevadas de ID, em fases adequadas de falsos alarmes, podem ser alcançadas de forma convincente através de um escrutínio rigoroso do tráfego grave e de locais de assalto complicados. Nesta proposta, obtemos uma estrutura para o desenvolvimento da apresentação de IDSs utilizando um algoritmo genético melhorado. O projeto foi aplicado e os resultados da conclusão foram pragmáticos para serem melhorados do que os do sistema existente, e assim fundamentaram o avanço. Também provámos a importância de identificar os ataques mais raros e os mais importantes. Esta parte apresenta as conclusões retiradas desta proposta de trabalho e defende os caminhos para a investigação futura.

A força e a capacidade do sistema de algoritmo genético baseado em regras proposto fornece 93,70% de deteção para ataques DoS, 88,85% de deteção para ataques R2L, 92,50% de deteção para ataques U2R e 95,33% de DR para ataques Probe. O FPR global é de 0,076%. Este método é mais útil e significativo. A técnica do algoritmo genético melhorado funciona eficazmente em comparação com o algoritmo C4.5 melhorado, recolhendo as informações que melhoram a taxa de deteção global sem qualquer impacto na taxa de falsos alarmes.

5. Conclusões e trabalho futuro

5.1 Conclusões

A principal contribuição deste trabalho é o desenvolvimento de IDS dinâmicos utilizando técnicas de aprendizagem automática para identificar melhor as anomalias e reduzir a taxa de falsos positivos.

Como parte da implementação com o novo algoritmo C4.5 e G.A, efectuei os seguintes pontos:

- Identificação de todos os dados

- Fórmula de entropia utilizada para o método de seleção de caraterísticas

- Identificar o tempo normal ou de ataque através da descoberta do GainInfo

- Utilizou o SplitInfo através de um grande número de valores

- Neste trabalho, foram utilizadas operações como a seleção, o cruzamento e a mutação para encontrar os melhores valores de aptidão. Utilizei a técnica de crossover de ponto único para o crossover do gene de 13 bits e também utilizei o tipo de codificação de inversão para a mutação.

- Neste trabalho foram criadas regras para identificar a intrusão. Cada regra será representada por uma declaração "se-então".

- Como parte da investigação, analisei a importância de cada classe de ataque (DoS,Probe,U2R,R2L) presente no Dataset KDDCup99, de modo a definir quais destas caraterísticas são relevantes para cada classe de ataque.

Todos os pontos acima referidos mostrarão a minha contribuição na análise, conceção e implementação do sistema atual.

O algoritmo genético melhorado é um mecanismo adequado para a deteção de intrusões em comparação com o algoritmo C4.5 melhorado e obteve diferentes regras de classificação para a deteção de intrusões através do algoritmo genético. Para diferenciar as ligações de rede e classificar melhor os tipos de ataques, pode utilizar-se o G.A. A implementação geral do software e a arquitetura das técnicas propostas são discutidas. O algoritmo genético proposto apresenta o sistema de deteção de intrusões para detetar DoS, R2L, U2R e Probe a partir do conjunto de dados KDDCUP99. Os resultados das experiências são satisfatórios, com uma taxa média de sucesso de 92,595%, e os resultados globais da técnica implementada são bons.

O sistema proposto é útil em diferentes domínios, com maior flexibilidade e uma boa taxonomia de ataques. Com a crescente complexidade das intrusões e as rápidas mudanças, o sistema de deteção de intrusões deve competir com o espaço de discussão. As técnicas de correlação reconhecem as ligações de rede e o algoritmo genético melhorado detecta a intrusão. Os resultados experimentais especificam que o algoritmo G.A. baseado em regras melhoradas dá mais precisão do que o algoritmo C4.5 para as classes DoS, Probe, U2R e R2L. Devem ser estudados novos métodos e a sua eficácia deve ser calculada como réplicas de I.D.

5.2 Trabalho futuro

Com o aumento dos incidentes de assaltos fictícios, é essencial dispor de réplicas de identificação eficientes em termos de estrutura, com boa correção e desempenho em tempo real. Por conseguinte, devem ser verificados métodos adicionais de D.M para uma extração de atributos mais frutuosa.

O sistema proposto especifica um conjunto de regras e de DoS, R2L, U2R e Probe elevados. É possível tentar obter bons resultados melhorando a eficiência e reduzindo a complexidade presente no modelo. No que respeita às caraterísticas, podem ser estudadas várias técnicas de redução para obter mais caraterísticas.

APÊNDICE A

Ataques na Internet: Um estudo

A.1 INTRODUÇÃO

Um ato é a consumação de um risco, a atividade inauspiciosa pretende explorar e desenvolver a suscetibilidade do sistema. Os ataques informáticos podem consistir na obliteração ou contacto de dados, na degradação dos níveis de desempenho ou na subversão do computador. Convencionalmente, os ataques a computadores incorporam técnicas como worms, vírus, transbordos de memória e ataques DoS. Pelo contrário, os ataques ao sistema são normalmente utilizados em computadores que utilizam a rede de alguma forma. Uma rede pode ser utilizada para enviar o ataque (como um worm) ou pode ser um meio de ataque (como um ataque DDos). Em geral, os ataques de rede são uma subdivisão dos ataques informáticos. No entanto, existem várias variedades de ataques de rede que atacam apenas a rede próxima, mas não atacam os computadores. A inundação de uma rede com pacotes não ataca um computador, mas bloqueia gradualmente a rede. Embora o computador seja utilizado para o ataque, tanto o alvo como o método de ataque ao objetivo estão ligados à rede. Muitas categorizações e classificações conhecidas de ataques a sistemas informáticos podem ser obtidas na prosa [75,76,77,78,79,80,81,82].

A classificação de Howard [75] foi feita de acordo com os atacantes, o acesso, as ferramentas, as consequências e os objectivos. Na tese de doutoramento de Kumar [76], a classificação foi introduzida com base na assinatura de ataque utilizada no sistema de deteção de intrusões IDIOT. A categorização baseada no tipo de análise é essencial para detetar um determinado ataque. Uma das classificações mais conhecidas é a da Agência de Projectos Avançados de Defesa (DARPA), classificação de ataques que foi desenvolvida em 1998 para classificar os ataques no método de simplificar a avaliação de IDSs [78].

A investigação de Chris Rodgers [94] dá ênfase a vários ataques informáticos e de rede no que respeita à rede do Protocolo de Controlo de Transmissão/IP. O seu exame foi efectuado em 2001 e apresenta um bom resumo das ameaças e ataques, a face da rede do Protocolo TCP/Internet, bem como ataques como trojans, worms, vírus e ataques DoS.

No sistema de identificação e prevenção de redes de código aberto mais utilizado, denominado Snort, a categorização dos ataques baseia-se na sua influência no sistema informático. As prioridades são definidas de acordo com a criticidade dos efeitos após os ataques, sendo que os mais críticos têm a prioridade mais elevada. Os níveis de prioridade são principalmente três: alto, médio e baixo. Os ataques de alto nível de prioridade são, por exemplo, a tentativa de ganho de dispensa do administrador, o "Trojan" de rede ou o ataque a aplicações Web. Os ataques de precedência média são um protocolo ou evento não normalizado, ataques de negação de serviço (DoS), tráfego possivelmente mau, tentativa de início de sessão com um utilizador duvidoso, etc. Os ataques de baixo nível de precedência são o scan de rede, o evento ICMP, o comando geral do protocolo, etc.

A.2 História dos ataques na Internet

Os ataques informáticos e às redes surgiram em grande escala nas últimas décadas. Não só o número de ataques está a aumentar, como também a sua capacidade e força estão a civilizar-se. A figura A.1 é o bom gráfico de Juila Alen, que mostra esta evolução e inclui uma série de outros desenvolvimentos na história dos ataques. Alguns desenvolvimentos na história dos ataques a computadores e redes são detalhados a seguir.

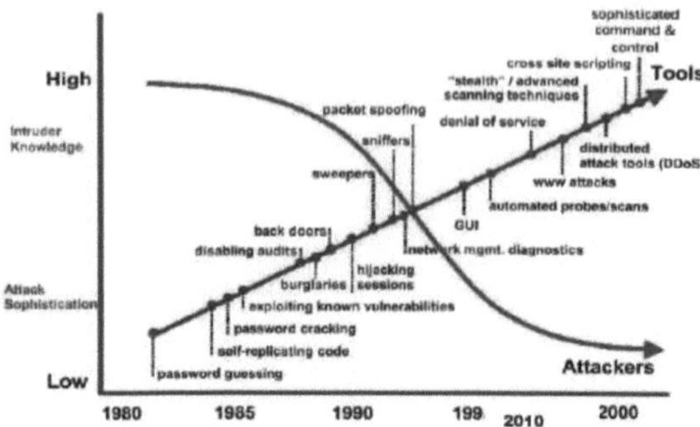

Figura A.1: Plano de Complexidade do Assalto Vs Informação do Intruso ao longo dos anos

Centro de Pesquisa Xerox Palo Alto: O Verme Morris [84].

Os vírus ordinais foram desconfinados em 1981 e entre eles estão os vírus Apple 1, 2 e 3 que assediaram o agrupamento operativo Apple II. Em 1983, Fred Cohen foi o primeiro a iniciar o termo "vírus informático" na sua tese [85], publicada em 1985. Recentemente, foram desenvolvidos novos ataques, como o DoS, em meados dos anos 90, os ataques DDos, em 1999, os botnets e os storm botnets. Os avanços mais actuais e mais importantes nos ataques a computadores e redes são os ataques combinados e a luta contra a informação. Os ataques combinados surgiram pela primeira vez em 2001, com o lançamento do Code Red [86], seguido do Nimda [87], do Slammar [88] e do Blaster [89]. Os ataques combinados são geralmente uma combinação de dois ou mais ataques compostos e unidos para criar um ataque ainda mais poderoso.

A.3 Visão e objectivos do ataque

O ato de flack pode ser desvendado reconhecendo o que os atacantes fazem e como podem ser secretos. Icove, et al., [90] apresentam uma categorização básica e simples dos atacantes como hackers, criminosos e vândalos. O motivo principal de um hacker é a admissão dos dados do sistema; o motivo principal de um criminoso é o crescimento social ou financeiro e o motivo principal do vândalo é destruir ou danificar. Na tese de Howard [91], a dificuldade de categorizar os assaltantes em três categorias é realçada com a descrição da atuação ilegal das três categorias.

Os incidentes de ciberataques, de natureza grave e perigosa, podem ser considerados como tendo sido agravados por causas sociais e políticas, como salientou Denning [92].

O ciberterrorismo, que é uma ameaça potencial, é inevitável devido às comunicações perigosas que são muito susceptíveis e a investigação indica que as susceptibilidades estão a aumentar rapidamente, enquanto os custos do ataque estão a diminuir. As estatísticas dos ataques nos últimos anos são apresentadas no sítio Web "Web Server Intrusion Statistics" [93].

A.4 Taxonomia dos ataques

Os ataques na Internet são classificados numa variedade de categorias, nomeadamente,

> Pelo motivo do atacante para

> Pelo resultado no sistema como

> Pelo S.O. no anfitrião de destino

> Pelo serviço atacado

Alguns dos ataques mais comuns são apresentados de seguida:

A.4.1 Vírus

Os vírus são programas auto-replicantes que poluem e se disseminam através de ficheiros. Normalmente, ligam-se a um ficheiro, o que os leva a correr sempre que o ficheiro é libertado. Existem vários tipos principais de bugs, conforme reconhecido na tese de Rodgers [94], que podem ser inspeccionados a seguir.

Infectores de ficheiros

Os vírus infectores de ficheiros inserem-se num ficheiro e contaminam os ficheiros no computador afetado. Geralmente, o ficheiro é um ficheiro executável, como um .EXE ou .COM no Windows. O vírus é executado sempre que o ficheiro infetado é executado.

Infectores do sistema e do registo de arranque

Até meados dos anos 90, os infectores de sistemas e de registos de arranque eram o tipo de vírus mais comum. Estes vírus contaminam as áreas de sistema de um computador, como o registo de arranque do DOS nos F.D. e o Master Boot Record (MBR) nos H.D.. O vírus pode ser executado sempre que o computador é arrancado, o que é feito instalando-se nos registos de arranque.

Vírus de macro

Os vírus de macro são macros simples para programas conhecidos, como o Microsoft Word, que são maliciosos. Para representação, podem erradicar informação de um documento ou incluir termos no mesmo. A propagação é geralmente feita através de ficheiros contaminados. Se um utilizador desbloqueia um documento infetado, o vírus pode instalar-se em todos os documentos seguintes e torná-los também impuros. Raramente, o vírus de macro será acoplado como um arquivo realmente básico para enganar o usuário e contaminá-lo. Os Melissa bugs [95] são os vírus mais conhecidos deste tipo. O vírus foi lançado através de uma mensagem de correio eletrónico que parecia ser uma mensagem de um associado. A mensagem continha como anexo um manuscrito do MS Word que, uma vez libertado, contaminava o MS Word e, se a vítima utilizasse o cliente de correio eletrónico MS Outlook 97 ou 98, o vírus avançava para os primeiros cinquenta contactos do livro de endereços da vítima. Melissa causou danos proeminentes, uma vez que o correio eletrónico enviado pelos insectos ocupava os servidores de correio eletrónico.

A.4.2 Vermes

Um worm é um programa auto-replicante que se estende pela rede de alguma forma. Os worms não precisam de nenhum ficheiro contaminado para se propagarem, como acontece com os vírus. As duas principais variedades de worms são: worms de envio de correio eletrónico em massa e worms com conhecimento de rede.

Vermes de correio em massa

Um worm de envio massivo de correio é um worm que aumenta através da comunicação por correio eletrónico. Quando o e-mail atinge o objetivo, pode ter uma remessa na estrutura de Trojan ou bugs.

Worms com conhecimento de rede

Os worms sensíveis à rede seguem normalmente um modelo de circulação de quatro fases e a seleção do alvo é o primeiro passo. O hospedeiro cooperado3 visa um hospedeiro. Posteriormente, o hospedeiro cooperado explora-o numa tentativa de aumentar a admissão no hospedeiro-alvo. Uma vez que o worm bem sucedido tenha contacto com o hospedeiro alvo, pode contaminá-lo. Os vírus podem conter a criação de backdoors ou a consignação de Trojans no hospedeiro de destino, ou o ajuste de ficheiros. Uma vez terminada a doença, o hospedeiro de destino é concessionado e será utilizado como um worm para continuar a propagação. Os exemplos são o Blaster, o Structured Query Language Slammer, etc.

A.4.3 Trojans

Os cavalos de Troia parecem ser listas inofensivas para o utilizador, mas na realidade incluem uma série de aspectos maldosos. Os cavalos de Troia geralmente têm algumas caraterísticas, como vírus, técnicas de admissão à distância e corrupção de dados. Os cavalos de Troia facilitam a entrada de um atacante malicioso pela porta das traseiras, dando-lhe as seguintes capacidades: Classificação de teclas, transferência de ficheiros, registo de sessões, instalação de programas, restrição do registo, organização de processos e reinício remoto.

Bombas lógicas

As bombas lógicas são uma forma única de cavalos de Troia que libertam a remessa apenas quando uma situação específica é cumprida. No caso de a situação não ser cumprida, a bomba lógica actua como um programa que está a tentar replicar-se.

A.4.4 Estouros de tampão

Estes são os meios mais utilizados para atacar um computador ou uma rede. Fazem geralmente parte de um ataque combinado e muito raramente são lançados isoladamente. Os buffers são utilizados para desenvolver falhas de programação, em que é permitido que os escudos estejam cheios. Se um buffer for preenchido antes da sua capacidade de preenchimento de dados, pode transbordar para a memória próxima e depois pode corromper os dados ou pode ser utilizado para modificar a implementação do programa. As duas principais formas de transbordamento de memória intermédia são descritas abaixo.

Estouro da memória intermédia da pilha

Uma pilha é uma região da memória utilizada para armazenar dados como parâmetros de métodos, variáveis confinadas e endereços de retorno. Frequentemente, os buffers que são indicados na criação do programa são armazenados na pilha. Cada procedimento é definido com a sua própria pilha e o seu próprio heap. O transbordamento de uma memória intermédia da pilha é uma das principais formas de transbordamento de memória intermédia, normalmente utilizada para obter acesso a um processo. Neste tipo de transbordamento, a memória intermédia é declarada como tendo um determinado tamanho. Um agressor pode esforçar-se por colocar informação que é maior do que a quantidade da memória intermédia, no caso de o processo que controla a memória intermédia não efetuar verificações suficientes. Um agressor pode colocar código odioso na memória intermédia. O elemento de memória contígua incluirá frequentemente o indicador da linha seguinte do código de execução. Assim, o estouro da memória intermédia pode sobrescrever o ponteiro para apontar para o início da memória intermédia e, portanto, para o início do código malévolo. É assim que o estouro do buffer da pilha pode permitir que um atacante organize um procedimento.

Excesso de pilha

Excesso de pilha Os excessos de pilha são análogos aos excessos de pilha mas, em geral, mais difíceis de gerar. O heap é análogo à pilha, mas prevê a alocação dinâmica de dados. Ao contrário do ataque, o heap não consiste em nenhum endereço de retorno; nesse caso, é difícil aumentar o gerenciamento de um procedimento se a pilha for usada. O Heap inclui ponteiros para dados e tarefas. Um buffer overflow dá ao agressor a oportunidade de influenciar a implementação do procedimento. Um exemplo seria o transbordamento de um buffer de string com o nome de um ficheiro, e agora o nome do ficheiro torna-se um ficheiro significativo do sistema. O agressor pode sobrescrever o ficheiro de sistema utilizando o processo (se o método estiver atribuído a benefícios).

A.4.5 Ataques de negação de serviço

Os ataques DoS [96], ocasionalmente designados por ataques nuke, destinam-se a impedir que os clientes legais utilizem a estrutura, contactem ou utilizem o sistema de uma forma agradável. Os ataques DoS interrompem geralmente a reparação de um computador ou de uma rede, pelo que também não é completamente possível utilizá-los, ou a apresentação fica gravemente afetada. As três formas principais de ataques DoS são: baseados no anfitrião, baseados na rede e distribuídos.

A.4.6 Ataques baseados na rede

Esta subdivisão ilustra as várias variedades de ataques que actuam nas redes e os procedimentos que as executam. O spoofing de rede é o procedimento em que um agressor se faz passar por outra pessoa. Existem vários hábitos de falsificação na pilha típica de protocolos de rede Transmission Control Protocol /internet Protocol, incluindo Falsificação do endereço de controlo de acesso ao meio na camada de ligação de dados e falsificação do protocolo Internet na camada de rede. Através da falsificação, o agressor pode imaginar que é o consumidor autorizado ou pode influenciar as ligações que podem ser obtidas a partir do anfitrião fatal.

Sequestro de sessão - O sequestro de sessão é o procedimento em que o agressor assume o controlo de uma sessão que ocorre entre dois anfitriões mortais. O ataque geralmente assume e substitui o conjunto de um dos hosts. O sequestro de sessão ocorre geralmente na camada do Protocolo de Controlo de Transmissão e é utilizado para assumir o controlo de conjuntos de aplicações como o Telnet e o Protocolo de Transferência de Ficheiros. O apoderamento do conjunto do Protocolo de Controlo de Transmissão inclui a utilização de spoofing do Protocolo de Internet, tal como descrito acima, e a estimativa da quantidade de séries do Protocolo de Controlo de Transmissão. O atacante tentará prever o número de sequência do TCP para conseguir uma captura bem sucedida do conjunto do Protocolo de Controlo de Transmissão. O atacante pode falsificar o seu endereço de Protocolo Internet para contestar o anfitrião que está a criticar e pode enviar um pacote de Protocolo de Controlo de Transmissão com o número de sucessão exato. O outro anfitrião reconhecerá o pacote do Protocolo de Controlo de Transmissão, uma vez que o número de série corresponde perfeitamente e criará pacotes de transferência para o agressor. O anfitrião desconectado passará despercebido ao anfitrião extra, uma vez que já não consiste no número exato da série. O atacante pode facilmente prever o número de sequência, desde que consiga aceder aos pacotes de Protocolo Internet que transitam entre os dois anfitriões afectados. É simples para o atacante identificar o número de sequência; tudo o que precisa de fazer é capturar os pacotes e analisá-los.

A.4.7 Ataques com palavras-passe

Um agressor que pretenda controlar um computador ou a descrição dos utilizadores raramente utilizará um ataque à palavra-passe para aumentar a palavra-passe necessária. Existem várias ferramentas para descobrir as palavras-passe e ajudar o atacante. A adivinhação da palavra-passe / ataque ao dicionário é o mais fácil dos ataques à palavra-passe. O atacante necessita de um simples trabalho de adivinhação para identificar a palavra-passe. Geralmente, o atacante calcula e analisa uma forma de engenharia pública para obter pistas sobre a palavra-passe. Um ataque de dicionário, embora relacionado, é um ataque computorizado. O atacante usa um dicionário de palavras que consiste em senhas prováveis e utiliza uma ferramenta para verificar se alguma delas é a senha necessária. Os ataques de força bruta são efectuados através de cálculos matemáticos de permutações e combinações que calculam as combinações possíveis que podem formar uma palavra-passe e que são difíceis de verificar se é a palavra-passe correta.

A.4.8 Ataques de recolha de informações

O apêndice de ataque envolve frequentemente a reunião de informações. A reunião de informações é um procedimento em que o autor do crime aumenta as informações confidenciais sobre possíveis objectivos ou aumenta o contacto ilegal com parte dos dados sem iniciar um ataque adequado. A reunião de informações é inativa, na certeza de que não serão iniciadas quaisquer agressões; em vez disso, os computadores e as redes são analisados, farejados e procurados em busca de informações.

Farejar

Os sniffers de pacotes são ferramentas inestimáveis mas fáceis para todos os que desejam recolher informações sobre um computador ou uma rede. Os sniggers de pacotes proporcionam aos atacantes uma forma de não só recolherem dados sobre o anfitrião ou a pessoa, mas também de acederem a informações ilegais. Os sniffers de pacotes tradicionais funcionam colocando a placa Ethernet do atacante numa forma imoral. Utilizando a placa Ethernet de forma imoral, toda a transferência da rede pode ser recolhida, mesmo nos casos em que não lhe é dirigida ou destinada. Desta forma, o atacante pode aumentar o contacto com qualquer pacote que esteja a atravessar a rede em que o atacante se encontra. O atacante pode aumentar a sequência de nomes de login e palavras-passe, recolhendo um número suficiente de pacotes corretos.

Por outro lado, a entropia também pode ser recolhida, como o Controlo de Acesso ao Meio e os endereços de Protocolo Internet, incluindo serviços e O.Ss que são executados em anfitriões precisos. Este tipo de agressão é muito simples. O agressor não está a transferir quaisquer pacotes para fora, está exclusivamente a detetar pacotes no pano.

Também podem ser recolhidas outras informações, como o controlo de acesso ao meio e os endereços de protocolo Internet, o tipo de serviços e os O.Ss que estão a ser executados num determinado anfitrião. Estes ataques são inactivos. O atacante não envia quaisquer pacotes. Limita-se a escutar os pacotes na rede.

Mapeamento

O mapeamento é utilizado para reunir informações sobre os hosts de uma rede. O mapeamento pode reunir toda a informação, como os anfitriões online e os serviços em execução e qual o sistema operativo que está a utilizar um anfitrião específico, etc. Assim, é possível reconhecer possíveis objectivos e explicar a rede. A deteção de anfitriões pode ser conseguida através de uma variedade de métodos.

As consultas ICMP simples podem ser utilizadas para identificar se um anfitrião está online. As notas SYN do Protocolo de Controlo de Transmissão podem ser utilizadas para identificar se uma porta está ou não aberta no anfitrião e se este está ou não em linha. Depois de identificar que o anfitrião está em linha, são utilizadas ferramentas de mapeamento para decidir que O.S e que tipo de verificações são efectuadas sucessivamente no anfitrião. Ao tentar ligar-se às portas do anfitrião, é possível determinar os serviços em execução. Os atacantes podem utilizar scanners de portas, que são programas que podem automatizar este processo. Os scanners de portas primários tentam ligar-se a cada porta do Protocolo de Controlo de Transmissão de um anfitrião e tratam as portas que estão abertas. Se o atacante optou por atacar utilizando a reunião de informações ou mais dados, pode ser recolhido através de uma inspeção de segurança, que é discutida a seguir.

Verificação de segurança

Um tipo semelhante de planeamento é a análise de segurança, que é muito mais ativa e informativa. O procedimento em que o anfitrião é testado para detetar vulnerabilidades conhecidas ou pontos fracos que são propensos a fugas de segurança é designado por análise de segurança. Por exemplo, uma ferramenta de verificação de segurança pode dar uma pista ao atacante de que a porta 80 do objetivo é a organização de um servidor Hyper Text Transport Protocol, com uma suscetibilidade particular.

A.4.9 Ataques combinados

Os ataques combinados não são apenas uma novidade; ataques como o Code Red e o Nimda tornaram-nos familiares. Os ataques combinados são exatamente ataques que contêm vários riscos, por exemplo, vários meios de transmissão ou várias cargas úteis de ataque. A maior parte dos ataques referidos anteriormente neste apêndice podem ser entendidos como ataques combinados. O principal worm da Internet, o "Morris Worm", foi o primeiro exemplo de ataque combinado, que ocorreu em 1988. Tal como exposto pelo atual ataque Structured Query Language Slammer, em que o ciberespaço sofreu uma derrota considerável em termos de desempenho, mostra que a Internet é especificamente suscetível a ataques combinados.

A.5 Tipos de queixas em 2011

Uma lista completa dos ataques compilados por especialistas [97] com maior probabilidade de causar danos substanciais em 2011 é apresentada a seguir:

1. Não entrega Pagamento / Mercadoria (não leilão)

O cliente não recolheu os artigos comprados ou o vendedor não recolheu o pagamento dos artigos vendidos.

2. Fraudes relacionadas com o FBI

Fraudes em que um ilegal se faz passar pelo FBI para enganar as vítimas.

3. Roubo de identidade

Utilização ilegal das informações de reconhecimento pessoal da vítima para cometer fraudes ou outros crimes.

4. Crimes informáticos

1. Infracções que visam redes ou planos informáticos de forma aberta.

2. Crimes assistidos por redes ou máquinas informáticas.

5. Fraudes diversas

Variedade de esquemas destinados a enganar o público, tais como esquemas de trabalho em casa, sorteios e concursos falsos e outros esquemas falsos.

6. Fraude de adiantamento de taxas

Os criminosos convencem as vítimas a pagar uma taxa para obterem algo de valor, mas não entregam nada de valor à vítima.

7. Spam

Mensagens em massa, produzidas em massa e não desejadas.

8. Fraude nos leilões

Transacções falsas, que acontecem no fundo de um site de leilões online.

9. Fraude com cartões de crédito

A cobrança falsa e ilegítima de bens e serviços é feita com o cartão de crédito da vítima.

10. Fraude de pagamento excessivo

Um evento em que o requerente obtém uma quantia monetária inválida.

A.6 Resumo

Embora um grupo de ataques tenha sido catalogado acima, muitas das condições tendem a não ser igualmente selecionadas. Por exemplo, um inseto que contém uma bomba de sentido sobrepõe-se categoricamente. Além disso, um determinado ataque bem sucedido é classificado em várias categorias, uma vez que os atacantes utilizam vários métodos durante o ataque, o que torna a categorização difícil e cansativa de repetir.

Concordamos com Cohen na opinião de que [85], "...um catálogo final consolidado e concluído dos efeitos que podem ser mal interpretados com os sistemas de dados é impraticável de gerar. Houve quem tentasse criar catálogos completos e, em alguns casos, foram produzidas quantidades enciclopédicas sobre os assuntos. Ao depararmo-nos com um número infinito de problemas diferentes, qualquer lista criada serviria apenas um objetivo limitado".

APÊNDICE B

Metodologia para avaliação de sistemas de deteção de intrusões

B.1 Diferentes categorias de ataques em cada categoria

Tabela B.1: Tipos de ataque e tamanho do modelo no conjunto de dados 10%KDD

Categoria	Tipo de ataque (número de amostras)
Normal	Normal(97277)
DOS	Smurf(280790), Neptune(107201), Costas(2203), Teardrop(979), Pod(264), Terreno(21)
U2R	Buffer_overflow(30), Rootkit(IO), loadmodule(9), perl(3)
R2L	Warezclient(1020), Guess_passwd(53), Warezmaster(20), Imap(12), ftp_write(8), Multihop(7), Phf(4), Spy(2)
Sonda	Satan(1589), Ipsweep(1247), Portsweep(1040), Nmap(231)

B.2 Número de ataques no conjunto de dados de treino

Tabela B.2: Número de ataques no conjunto de dados de treino KDDCUP99

Conjunto de dados	Normal	Dos	U2R	R2L	Sonda
10%KDD	97277	391458	52	1126	4107
KDD corrigido	60593	229853	70	11347	4106
Inteiro	972780	3883370	50	1126	41102

B.3 Lista de caraterísticas do conjunto de dados KDDcup

Tabela B.3: Conjunto de dados KDDCup Lista de caraterísticas

	TIPO	DESCRIÇÃO
1.Duração	Contínuo	Duração (n.º de segundos) da ligação
2.tipo de protocolo	Discreto	Tipo de protocolo, por exemplo, tcp, udp, etc.
3.serviço	Discreto	Serviço de rede no destino, por exemplo, http, telnet, etc.
4.src_bytes	Contínuo	N.º de bytes de dados da origem ao destino
5.dst_bytes	Contínuo	N.º de bytes de dados do destino para a origem
6.bandeira	Discreto	Estado normal ou de erro da ligação
7.terra	Discreto	1 se a ligação for de/para o mesmo anfitrião/porta; 0 caso contrário
8.errado_fragmento	Contínuo	N.º de fragmentos "errados
9.urgente	Contínuo	N.º de fragmentos urgentes
10.quente	Contínuo	N.º de indicadores "quentes
11.num_failed_logins	Contínuo	N.º de tentativas de início de sessão falhadas
12.com sessão iniciada	Discreto	1 se a sessão foi iniciada com êxito; 0 Caso contrário

13.num_comprometido	Contínuo	N.º de condições "comprometidas
14.root_shell	Discreto	**1** se a raiz da casca for obtida; **0** Caso contrário
15.su_attempted	Discreto	**1** se o comando "su root" for tentado; **0** Caso contrário
16.num_root	Contínuo	N.º de acessos "root
17.num_file_creations	Contínuo	N.º de operações de criação de ficheiros
18.num_shells	Contínuo	N.º de avisos de shell
19.num ficheiros de acesso	Contínuo	N.º de operações em ficheiros de controlo de acesso
20.num_outbound_cmds	Contínuo	Número de comandos de saída numa sessão Ftp
21.é o login quente	Discreto	**1** se o início de sessão pertencer à lista "quente": **0** caso contrário
22.is_guest login		**1** se o início de sessão for de "convidado": **0** Caso contrário
23.Conde	Contínuo	N.º de ligações ao mesmo anfitrião que o atual ligação nos últimos dois segundos
24.taxa de erro	Contínuo	% de ligações que têm erros "SYN
25.taxa de erro	Contínuo	% de ligações que apresentam erros "REJ
26.mesma taxa srv	Contínuo	% de ligações aos mesmos serviços
27.diff taxa srv	Contínuo	% de ligações aos diferentes serviços
28.srv contagem	Contínuo	N.º de ligações ao mesmo serviço que o atual ligação nos últimos dois segundos
29.srv taxa de serviço	Contínuo	% de ligações que apresentam erros "SYN
30. taxa de erro srv	Contínuo	% de ligações que apresentam erros "REJ
31.srv taxa de anfitrião diferencial	Contínuo	% de ligações aos diferentes anfitriões
32.dst contagem de anfitriões	Contínuo	Contagem para o anfitrião de destino
33.dst host srv count	Contínuo	contagem de srv para o anfitrião de destino
34.dst host same srv rate	Contínuo	mesma taxa srv para o anfitrião de destino
35.dst host diff srv rate	Contínuo	diff srv rate para o anfitrião de destino
36.dst host same src_port rate	Contínuo	mesma taxa srv_port para o anfitrião de destino
37.dst host diff host rate	Contínuo	taxa do anfitrião diff para o anfitrião de destino
38.dst host serror rate	Contínuo	taxa de erro para o anfitrião de destino
39.dst host srv serror rate	Contínuo	srv serror rate para o anfitrião de destino
40.dst_host_rerror_rate	Contínuo	rerror_rate para o anfitrião de destino
41.dst_host_srv_rerror_rate	Contínuo	srv_serror_rate para o anfitrião de destino

Publicações baseadas nesta tese

1.   Shaik Akbar, Dr.K.Nageswara Rao, Dr.J.A.Chandulal, "Intrusion Detection System Methodologies Based on Data Analysis", International Journal of Computer Applications (IJCA) (0975 - 8887), Volume 5- No . 2, pp . 10-20, agosto de 2010.

2.   Shaik Akbar, Dr.K.Nageswara Rao, Dr.J.A.Chandulal "Implementing Rule based Genetic Algorithm as a Solution for Intrusion Detection System", International Journal of Computer Science and Network Security (IJCSNS), Volume 11- No.8, pp. 138-144, agosto de 2011.

3.   Shaik Akbar, Dr.J.A.Chandulal, Dr.K.Nageswara Rao, G.Sudheer Kumar, "Troubleshooting Techniques for Intrusion Detection System using Genetic Algorithm", International Journal of Wisdom Based Computing (IJWBC), Volume 1(3) , pp.86-92, dezembro de 2011.

4.   Shaik Akbar, Dr.J.A.Chandulal, Dr.K.Nageswara Rao, "Machine Learning Techniques for Intrusion Detection System" (Técnicas de aprendizagem automática para o sistema de deteção de intrusões), International Journal of Computer Science and Information Security (IJCSIS) (0975 - 8887) Volume 5- No.2, pp. 10-20, abril de 2012.

5.   Shaik Akbar, Dr.J.A.Chandulal, Dr.K.Nageswara Rao, G.Sudheer Kumar "Improving Network Security Using Machine Learning Techniques", participam na Conferência Internacional IEEE de 2012 sobre Inteligência Computacional e Investigação Computacional, realizada pela Tamilnadu College of Engineering, Coimbatore, de 18 a 20 de dezembro de 2012, (978-1-4673-2481-6), pp.76-80 e apresentaram um artigo.

6.   Shaik Akbar, Dr.K.Nageswara Rao, Dr J.A.Chandulal, "Intrusion Detection Systems for Enhanced C4.5 and Genetic Algorithms", participaram numa Conferência Nacional sobre Inteligência Artificial, Robótica e Sistemas Integrados (AIRES- 2012), realizada pela Universidade de Andhra (A.U), Visakhapatnam, de 29 a 30 de junho de 2012, e apresentaram um trabalho.

7.   Shaik Akbar, Dr. J.A.Chandulal, Dr. K.Nageswara Rao "Network Intrusion Detection System - A Solution for Rule Based Genetic Algorithm", Participaram numa conferência nacional sobre avanços recentes em matéria de computação suave e descoberta de conhecimentos (SCKD2K12), realizada pela Universidade Sri Venkateswara (SVU), Tirupati, de 19 a 21 de janeiro de 2012, pp. 195-201 e apresentaram um trabalho.

8.   Shaik Akbar, G. Sudheer Kumar, "Relevance of Genetic Algorithm in Intrusion Detection System", participaram numa conferência nacional TRACS-2010, organizada pela Aditya Engineering College, Surampalem, Kakinada, de 24ᵗʰ & 25ᵗʰ setembro de 2010 e apresentaram um trabalho.

[1]   M. McLuhan, Letters of Marshall McLuhan, Oxford University Press, pp.254, 1987.

[2]   Inquérito sobre domínios da Internet Contagem de anfitriões https://www.isc.org/solutions/survey

[3]   J.McHugh, A. Christie, J.Allen, Defending Yourself: "The Role of Intrusion Detection Systems", IEEE software, Set/Out. 2000.

[4]   As perdas devidas à cibercriminalidade podem atingir os 40 mil milhões de dólares, Business Line, Diário de Negócios do grupo de publicações THE HINDU, segunda-feira, 21 de maio de 2007.

[5]   CSI/FBI Computer Crime and Security Survey, www.gocsi.comipress/20020407.

[6]   J.P. Anderson, "Computer Security Threat Monitoring and Surveillance", relatório técnico, James P. Anderson Co., Fort Washington, PA, abril de 1980.

[7]   D.E. Denning, "An Intrusion-Detection Model", IEEE Transactions on Software Engineering, vol. SE-13, pp. 222-232, 1987.

[8]   P. Helman, G. Liepins, "Statistical Foundations of Audit Trail Analysis for the Detection of Computer Misuse". Em IEEE Transactions on Software Engineering, Vol.19, No.9, páginas 886-901, 1993.

[9]   H.S. Javitz, A. Valdes, "The NIDES Statistical Component Description and Justification", relatório técnico, SRI International, Menlo Park, CA, março de 1994.

[10] C. Ko, M. Ruschitzka, K. Levitt, "Monitorização da execução de programas críticos para a segurança em sistemas distribuídos: A Specification-based Approach", In Proceedings of the 1997 IEEE Symposium on Security and Privacy, pp.175-187, maio de 1997.

[11] D. Wagner, D. Dean, "Intrusion Detection via Static Analysis", In Proceedings of the IEEE Symposium on Security and Privacy, IEEE Press, 2001.

[12] C. Warrender, S. Forrest, B.A. Pearlmutter, "Detecting intrusions using system calls: Alternative data models", In IEEE Symposium on Security and Privacy, páginas 133-145, 1999.

[13] Conferência DEF CON 8. Las Vegas NV, 2000. www.defcon.org

[14] Kayacik G., Zincir-Heywood N., Heywood M., "On the Capacity of an SOMbased Intrusion Detection System", Actas da Conferência Internacional Conjunta sobre Redes Neuronais, 2003.

[15] Li W., "Using Genetic Algorithm for Network Intrusion Detection", In Proceedings of the United States Department of Energy Cyber Security Group, Training Conference.

[16] S. Selvakani, R.S.Rajesh "Genetic Algorithm for framing rules for Intrusion Detection System", IJCSIS, Vol.7, No.11, 2007.

[17] Axelsson S. 2000, Intrusion Detection Systems: A Survey and Taxonomy, Relatório Técnico,

Departamento de Engenharia Informática, Universidade de Chalmers.

[18] S. Selvakani Kandeeban, R. S. Rajesh, "A Mutual Construction for Intrusion Detection System using Genetic Algorithm", International Journal of Advanced Science and Technology", Vol.29, 1-8, abril de 2011.

[19] W. Li, "A Genetic Algorithm Approach to Network Intrusion Detection", SANS Institute, EUA, 2004.

[20] T. Xiao, G. Qu, S. Hariri e M. Yousif, "An Efficient Network Intrusion Detection Method Based on Information Theory and Genetic Algorithm", Actas da 24th IEEE International Performance Computing and Communications Conference (IPCCC· 05), Phoenix, AZ, EUA, 2005.

[21] G. Jim, L.D e Cui, "An Induction Learning Approach for Building Intrusion Detection Models using Genetic Algorithms", Actas do 5th World Congress Intelligent Control and Automation, 15-19 de junho de 2004.

[22] W.Lu, I. Traore, "Detecting New Forms of Network Intrusion Using Genetic Programming", Computational Intelligence, Vol.20, pp.3, Blackwell Publishing, Malden, 475-494, 2004.

[23] S.M. Bridges, R. B. Vaughn, "Fuzzy Data Mining and Genetic Algorithms Applied to Intrusion Detection", Proceedings of 12th Annual Canadian Information Technology Security Symposium, 109-122, 2000.

[24] Abadh, M.S., Habibi, J., "Computer Intrusion Detection Using and Iterative Fuzzy Rule Learning Approach", in Proceedings of the IEEE International Conference on Fuzzy Systems, 1-6, Londres, 2007.

[25] Bershad, .J. et al., "Statistical analysis of the single-layer-back-propagation algorithm Part-I-Mean weight behavior", IEEE. Trans. Acoustics, Speech and Signal Proc., (2): 573-582, 1993.

[26] Graham, R., FAQ: "Intrusão de rede http:// Deteção Sistemas", www.robertgraham.com, 2000.

[27] Bace, R. e P. Mell, Publicação Especial do NIST sobre "Sistemas de Deteção de Intrusão" http:// www.nist.gov, 2004.

[28] Gordeev, M., "Intrusion Detection Techniques and Approaches", http"// www.ict.tuwein.ac.a., 2004.

[29] Escamilla, T. "Intrusion Detection: Network Security Beyond the Firewall", John Wiley and Sons, 1998.

[30] S.M. Bellovin, "Packets found on an Internet", relatório técnico, AT&T Bell Laboratories, maio

de 1992.

[31] Heberlein LT, Mukherjeee B, Levitt K N, Mansur DL, "Towards Detecting Detecting Intrusions in a Networked Environment", Actas de 14th department of energy computer security group conference 1991.

[32] Bace. R., & Mell. P "Intrusion Detection Systems", Publicação Especial do NIST sobre sistemas de deteção de intrusões, 2001. Obtido em http://csrc/nist.gov/publications/nistpubs/800-31/Sp.800-31.pdf.

[33] Eugene H. Spafford. The Internet Worm Incident Technical Report CSD-TR-933, 19 de setembro de 1991.

[34] CERT Advisory CA-2000-04 Love Letter Worm, maio de 2000.

[35] CERT Advisory CA-2001-19 "Code Red" Worm Exploiting Buffer Overflow in IIS Indexing Service DLL, 23 de agosto de 2001.

[36] H. K. Browne, W.A. Arbaugh, John Mc Hugh e William L. Fithen. "A trend Analysis of Exploitations", In proceedings 2001 IEEE Symposium on Security and Privacy, pg 214-229.

[37] Balasubramaniyan, Jai Sundar, et al. " An Architecture for Intrusion Detection Using Autonomous Agents", Relatório Técnico 98/05, Universidade de Purdue, 1998.

[38] Ghosh, Anup, et al., "Learning Program Behavior Profiles for Intrusion Detection", World Wide Web, 1999. Página da World Wide Web, URL http:// www.usenix.org/publications/library/proceddings/detection99/full_papers/ghosh/ ghosh_html.

[39] R. Verwoerd e R. Hunt, "Intrusion Detection Techniques and Approaches", Computer Communications, 25, 1356-1365, setembro de 2002.

[40] C. Chen, A. Liaw e L. Breiman. "Using random forest to learn imbalanced data", Relatório Técnico 666, Departamento de Estatística, Universidade da Califórnia, Berkely, julho de 2004.

[41] Anderson. D., Frivold. T., & Valdes. A. "Next generation Intrusion Detection Expert System (NIDES); A Summary", (Tech Rep.SRI-CSI-95-07). Menlo Park, CA:SRI International,1995.

[42] Sundaram, A. "In Introduction to Intrusion Detection", Crossroads: The ACM Student Magazine, 2(4), 1996.

[43] E. Biermann, E.Cloete, L.M. Venter, "A comparison of Intrusion detection detection systems", Computersand Security, 20(2001)8, 676-683.

[44] S. Peddabachigari, A. Abraham, C. Grosan e J. Thomas, "Modeling Intrusion Detection System Using Hybrid Intelligent Systems", Journal of Network and Computer Applications, Vol.[MAT02],

No.1, pp.114-132, 2007.

[45] Andre' Muscat, "A Log Analysis Based Intrusion Detection System for the Creation of a Specification Based Intrusion Prevention System", CSAW 2003 Proceedings, 2003.

[46] S.L. Scott, "A Bayesian Paradigm for Designing Intrusion Detection Systems", Computational Statistics Data Analysis, Vol.45, No.1, pp.69-83, 2004.

[47] Bivens, M. Embrechts, C. Palagiri, R. Smith, e B.K. Szymanski, "Network based Intrusion Detection using Neural Networks", Intelligent Engineering Systems through Artificial Neural Networks, Vol. 12, 2002.

[48] W. Fan, M. Miller, S. Stolfo, W. Lee e P. Chan, "Using Artificial Anomalies to Detect Unknown and Known Network Intrusions", In Proceedings of the First IEEE International Conference on Data Mining, San Jose, CA, 2001.

[49] W. Lee, S.J. Stolfo, e K.W. Mok, "Adaptive Intrusion Detection: A Data Mining Approach", Artificial Intelligence Review, Vol.14, No.6, pp.533-567, 2000.

[50] T. Bass, "Intrusion Detection Systems Multi-sensor Data Fusion: Creating Cyberspace Situational Awareness", Communication of the ACM, Vol. 43, No.1, pp. 99-105, 2000.

[51] H. Spafford e D. Zamboni, "Intrusion Detection Using Autonomous Agents", em Computer Network, Vol. 34, No.4, pp. 547-570, 2000.

[52] Gowadia, C. Farkas e M. Valtorta, "PAID: "A Probabilistic Agent-Based Intrusion Detection System", Computers & Security, 2005.

[53] J. Twycross e U. Aickelin, " Libtissue - Implementing Innate Immunity", Actas do Congresso IEEE sobre Computação Evolutiva (CEC 2006), Vancouver, Canadá, 2006.

[54] Pagnoni e A. Visconti, "An Innate Immune System for the Protection of Computer Networks", ACM International Conference Proceeding Series, Vol.92 archive Proceedings of the 4th international symposium on Information and communication technologies, 2005.

[55] J. Kim, e P.J. Bentley, "A Model of Gene Library Evolution in the Dynamic Clonal Selection Algorithm", Actas da Primeira Conferência Internacional sobre Sistemas Imunitários Artificiais (ICARIS) Canterbury, pp. 175-182, 2002.

[56] P. Matzinger, " The Danger Model: A Renewed Sense of Self", Science, Vol.296, pp. [MAT02]1-[MAT02]5, 2002.

[57] T. Shon e J. Moon, " A Hybrid Machine Learning Approach to Network Anomaly Detection", Information Sciences: an International Journal, Vol.177, No.18, pp. 3799-3821, 2007.

[58] Abrahama, R. Jainb, J. Thomasc, e S.Y. Hana, "D-SCIDS: Distributed Soft Computing Intrusion Detection System", Journal of Network and Computer Applications, Vol.30, pp. 81-98, 2007.

[59] S. Abadeh, J. Habibi e C. Lucas, "Intrusion Detection Using a Fuzzy Genetic Based Learning Algorithm", Journal of Network and Computer Applications, Vol.30, No.1, pp. 414-428, 2007.

[60] Ilgun, R. A. Kemmerer, e P.A. Porras, "State Transition Analysis: A RuleBased Intrusion Detection Approach", IEEE Transactions on Software Engineering, pp.181-199, 1995.

[61] S. Kumar, "Classification and Detection of Computer Intrusions", dissertação de doutoramento, Universidade de Purdue, 1995.

[62] R. Sekar, A.Gupta, J. Frullo, T. Hanbhag, A. Tiwari, H. Yang e S. Zhou "Specification-Based Anomaly Detection: a New Approach for Detecting", International Journal of Network Security, Vol.1, No.2, pp.84-102, 2005.

[63] T. Peng, C. Leckie and K. Ramamohnarao, " Information Sharing for Distributed Intrusion Detection Systems", Journal of Network and Computer Applications, Vol.[MAT02] No.3, pp.877-899, 2007.

[64] N. Srinivasan and V. Vaidehi, " Timed Coloured Petri Net Model for Misuse Intrusion Detection", First International Conference on Industrial and Information Systems, 8-11 Aug.2006.

[65] Norr, S. "Operational scheduling of traditional and flexible manufacturing systems using genetic algorithms, artificial neural networks and simulation", Tese de Doutoramento, Universidade de Bradford, Reino Unido, 2007.

[66] McCarthy J. "Recursive Functions of Symbolic Expressions and their Computation by Machine", Parte 1, Communications of the ACM, 3, 475-482, 1960.

[67] Rich E. e Knight K., "Artificial Intelligence", 2nd Edition, MCGraw-Hill, Inc, 1991.

[68] Souri M., "Dictionary of IT Terms", Pentagon Press, New Delhi, 2003.

[69] I. Rechenber, "Evolutionsstrategie: Optimierung technischer Systeme and Prinizipiender biologischen Evolution", (Frommann-Holzboog, Estugarda, Alemanha, 1973).

[70] John R. Koza, "Genetic Programming: On the Programming of Computers by Means of Natural Selection", MIT Press, Cambridge, MA, EUA, 1992.

[71] Pohlheim, Hartmut. "Genetic and Evolutionary Algorithms: Principles, Methods and Algorithms", Genetic and Evolutionary Algorithm Toolbox, Hartmut Pohlheim, 30 de outubro de 2003. URL: http://www.geatbx.com/docu/algindex.html.

[72] Badriyah T, Rahmawati R, Alat Bantu Klasifikasi dengan Pohon Keputusan untuk Sistem Pendukung Keputusan, Actas: Seminário Nacional, Aplikasi Teknologi Informasi 2006, Jurusan Teknik formatika, Universitas Islam Indonesia Yogyakarta, 2006.

[73] Berry, Michael J.A., Linoff, Gordon S., "Data Mining Techniques For Marketing, Sales and Customer Relationship Management", Segunda Edição, Wiley Publishing Inc., Indianapolis, Indiana, 2004.

[74] Larose, Daniel T., "Discovering Knowledge in Data: an Introduction to Data Mining", John Wiley and Sons, U.S.A., 2005.

[75] J.D. Howard, An analysis of security incidents on the Internet, 1989- 1995, tese de doutoramento, Carnegie Mellon University, Department of Engineering and Public Policy, abril de 1997.

[76] S. Kumar, "Classification and Detection of Computer Intrusions", tese de doutoramento, West Lafayette, IN: Universidade de Purdue, Ciências da Computação, 1995

[77] U. Lindqvist, E. Jonsson, "How to systematically classify computer security intrusions", IEEE Symposium on security and Privacy, p.154163, Los Alamitos, CA, 1997.

[78] D.J. Weber, "A taxonomy of computer intrusions", tese de mestrado, Departamento de Engenharia Eléctrica e Informática, Instituto de Tecnologia de Massachusetts, junho de 1998.

[79] G. Alvarez, S. Petrovic, " A new taxonomy of web attacks suitable for efficient encoding", Computers and Security, 22(5): p.435449, julho de 2003.

[80] M.A. Bisho, "A taxonomy of Unix and network security vulnerabilities", relatório técnico, Departamento de Informática, Universidade da Califórnia em Davis, maio de 1995.

[81] I.V. Krsul, "Software Vulnerability Analysis", tese de doutoramento, Comp.Sci.Dept. Purdue University, maio de 1998.

[82] C.E. Landwehr, A.R.Bull, "A taxonomy of computer program security Flaws", com exemplos, ACM Computing Surveys, 26(3), pp.211254, 1994.

[83] A. Baker, J.B. Beale, Snort 2.1 "Intrusion Detection", (Segunda Edição) pp. 751, 2004.

[84] Xerox Palo Alto Research Center, Parc history, 2003, http://www.parc.xerox.com/about/history/default.html.

[85] Fred Cohen. "Computer Viruses", tese de doutoramento, Universidade do Sul da Califórnia, 1985.

[86] CERT Coordination Center, Advisory CA-2001-19 Code Red Worm Exploiting Buffer

Overflow In IIS Indexing Service DLL. julho de 2001. http://www.cert.org/advisories/CA-2001-19.html.

[87] CERT Coordination Center Advisory CA-2001-26 Nimda Worm. setembro de 2001. http://www.cert.org/advisories/CA-2001-26.html.

[88] CERT Coordination Center Advisory CA-2003-04 MS-SQL Server Worm, janeiro de 2003. http://www.cert.org/advisories/CA-2003-04.html.

[89] Centro de Coordenação CERT. Aviso CA-2003-20 W32/Blaster Worm. agosto de 2003. http://cert.org/advisories/CA-2003-20.html.

[90] Icove, David, Seger, VonStorch, A Crimefighter's Handbook, O'Reilly & Associates, 1995.

[91] http: //www.cert.org /research/JHThesis/chapter6.html.

[92] D. E.Denning, Cyberterrorism,

http://cs.georgetown.edu/~denning/infosec/cyberterror.html

[93] Estatísticas de intrusão de servidores Web de 2004, www.zone-h.org

[94] Chris Rodgers. Ameaças à segurança da rede TCP/IP. 2001.

[95] Centro de Coordenação CERT. Advisory CA-1999-04 Melissa Macro Virus, março de 1999 http://www.cert.org/advisories/CA-1999-04-html.

[96] CERT Coordination Center, Denial of Service Attacks, 1997. http://www.cert.org/tech tips/denial of service.html

[97] Os dez principais tipos de queixas em 2011, http://www.ic3.gov

[98] Anup Goyal, Chetan Kumar, "GA-NIDS: A Genetic Algorithm based Network Intrusion Detection System", 2008.

[99] B. Abdullah, I. Abd-alghafar, Gouda I. Salama, A. Abd-alhafez, "Performance Evaluation of a Genetic Algorithm Based Approach to Network Intrusion Detection System", 2009.

[100] Mohammadreza Ektea, Sara Memar, Fatimah Sidi, Lilly Suriani Affendey, "Intrusion Detection Using Data Mining Techniques, "Proceedings of IEEE International Coneference on Information Retrieval & Knowledge Management, Exploring Invisible World, CAMP' 10, 2010, pp.200-203.

[101] Zubair A. Baig, Abdulrhman S. Shaheen, e Radwan AbdelAal, "An AODE- based Intrusion Detection System for Computer Networks," pp. 28-35, IEEE 2011.

[102] Manish, Jain, Vineet, Richariya. 2012. Uma Técnica Melhorada Baseada em Naive Bayesian para Deteção de Ataques

I want morebooks!

Buy your books fast and straightforward online - at one of world's fastest growing online book stores! Environmentally sound due to Print-on-Demand technologies.

Buy your books online at
www.morebooks.shop

Compre os seus livros mais rápido e diretamente na internet, em uma das livrarias on-line com o maior crescimento no mundo! Produção que protege o meio ambiente através das tecnologias de impressão sob demanda.

Compre os seus livros on-line em
www.morebooks.shop

Printed by Books on Demand GmbH, Norderstedt / Germany